体育原理与学校体育教育发展研究

边 金 ◎著

中国书籍出版社
China Book Press

图书在版编目(CIP)数据

体育原理与学校体育教育发展研究 / 边金著. -- 北京：中国书籍出版社, 2024.4
　　ISBN 978-7-5068-9874-4

　　Ⅰ.①体… Ⅱ.①边… Ⅲ.①学校体育—教学研究—中国 Ⅳ.①G807.01

中国版本图书馆CIP数据核字（2024）第093277号

体育原理与学校体育教育发展研究

边　金　著

丛书策划	谭　鹏　武　斌
责任编辑	吴化强
责任印制	孙马飞　马　芝
封面设计	博健文化
出版发行	中国书籍出版社
地　　址	北京市丰台区三路居路97号（邮编：100073）
电　　话	（010）52257143（总编室）　（010）52257140（发行部）
电子邮箱	eo@chinabp.com.cn
经　　销	全国新华书店
印　　厂	三河市德贤弘印务有限公司
开　　本	710毫米×1000毫米　1/16
字　　数	232千字
印　　张	13.75
版　　次	2025年1月第1版
印　　次	2025年1月第1次印刷
书　　号	ISBN 978-7-5068-9874-4
定　　价	92.00元

版权所有　翻印必究

目 录

第一章　体育的本质　1
　　第一节　体育的概念　1
　　第二节　体育的发展演变　4
　　第三节　体育的特性与体育本质　18
　　第四节　体育的规律　22
　　第五节　体育的功能　30

第二章　体育的目的与任务　37
　　第一节　从不同角度认识体育的目的　37
　　第二节　体育目的与任务的确定　42
　　第三节　当前我国体育的目的、任务及实现途径　45

第三章　体育的内容与实施路径　58
　　第一节　体育内容　58
　　第二节　体育方法　66
　　第三节　体育手段　72
　　第四节　体育途径　80

第四章　体育与社会现象的关系　94
　　第一节　体育与经济　94

第二节　体育与文化　　　　　　　　　　　　104
　　第三节　体育与教育　　　　　　　　　　　　109
　　第四节　体育与传媒　　　　　　　　　　　　115
　　第五节　体育与医疗卫生　　　　　　　　　　120

第五章　学校体育教育原理　　　　　　　　　　　125
　　第一节　体育教育在学校教育中的地位与作用　125
　　第二节　学校体育教育的科学依据　　　　　　129
　　第三节　学校体育教育的基本规律与原则　　　135
　　第四节　学校体育课程论　　　　　　　　　　141
　　第五节　新时期学校体育教材编写与师资建设　149

第六章　学生体育学习原理　　　　　　　　　　　155
　　第一节　体育学习基本理论　　　　　　　　　155
　　第二节　体育知识学习　　　　　　　　　　　165
　　第三节　体育技能学习　　　　　　　　　　　171
　　第四节　学生体育学习能力的培养　　　　　　178

第七章　体育与学校体育教育的发展探索　　　　　185
　　第一节　体育的普及与提高　　　　　　　　　185
　　第二节　从人与社会的发展视角探析体育的发展趋势　192
　　第三节　学校体育教育与健康教育的融合　　　198
　　第四节　全面育人与学校体育教育改革　　　　205

参考文献　　　　　　　　　　　　　　　　　　　209

第一章 体育的本质

体育的本质问题是体育科学理论中必须明确阐明的一个基本问题,是体育原理中研究的首要问题。只有对体育的本质有了正确认识和深刻了解,才能深刻认识与正确把握我国社会主义体育的目的与任务,进而将体育的各种方法手段、途径充分利用起来,去完成体育的任务、实现体育的目的。本章主要对体育的本质进行分析,内容主要为:体育的概念、发展演变、特性与本质、规律以及功能。

第一节 体育的概念

一、体育的定义

要对体育现象有一个理性的认识,首先就要给体育下定义。体育的定义很多,尤其是在体育界,很多体育学者从不同角度出发对体育进行了诸多定义与阐释。体育界关于体育的诸多定义中,有的定义很有代表性,广受认可。比如,将体育定义为,以人体运动为基本手段来增进健康、提高生活质量的教育过程与文化活动。①这一定义是广义层面上的体育概念，说明体育不是学校独有的活动，它发生在学校、家庭和社区等各个领域，是不同空间体育活动的统一体。从体育手段的视角来看，身体运动、娱乐活动、休闲运动等能够达到体育目的的活动都可以纳入体育的范畴。但从体育的实质或目的而言，体育与运动是有区别的，二者各有特性。对于体育与运动的关系，尤其是与竞技运动的关系，我们要用辩证的眼光客观看待。不可否认，体育与竞技运动联系紧密，相辅相成，而且它们都能够促进民族凝聚力的提升，培养人的个性，为国民经济发展作贡献。

上述关于体育定义的描述中提到，体育以人体运动为基本手段，对此必须要能够正确理解。我们要善于区别人体运动与一般动物的运动，体育不包含脱离了"人"这一主体的一般动物的运动。人们强身健体、提高健康水平的途径与手段有很多，不只是身体运动。其他的手段，如营养手段、心理培育手段等都可以增强体质、增进健康，但很难将它们归入"体育"的范畴。因此，在体育定义的研究中，必须对"以人体运动为基本手段"作强调。这里的人体运动主要是指身体锻炼、身体养护。需要注意的是，并非所有的人体运动都能够归入体育运动的范畴中，像劳动生产这样的人体运动，尽管也能够起到促进人体结构变革和功能发挥的作用，但它不以改造人体自身为直接目的，而是以改造自然和社会为目的，只是在改造自然和社会的同时，自身也得到了相应的改造，所以不能认为这样的人体运动也属于体育运动。

二、广义体育观

现在有一种新的广义体育观，强调认识体育，要从教育和文化两个范畴着手。从教育和文化的视角去认识体育，能够获得更客观、全面和辩证的认识，能够将体育的本质、发展动向充分体现出来，还能对体育的双重属性

---

① 杨文轩，陈琦.体育原理[M].北京：高等教育出版社，2004：16.

第一章 体育的本质

（自然属性与社会属性）予以强调，并从中认识到在体育视角下，人的发展与社会的发展是高度统一的。具体来说，新的广义体育观具有以下三个方面的优势。

第一，既从教育角度强调了培养人的重要性，又从社会文化的视角体现了社会发展中体育的重要作用与突出贡献。

第二，既对人的个体发展给予了肯定，又反映了社会发展对人的发展的重要影响。

第三，既注重从生物学视角进行体育研究，也注重从社会学和心理学视角进行体育研究。也就是说，我们从生物学、心理学、社会学等多个学科视角可以对体育有更加全面的认识。

三、体育参与

现代社会中，参与体育运动的人越来越多，以健康、娱乐为目的参与体育运动的人非常多。很多人参与体育运动，最初的动机就是为了健康和快乐，随着时间的流逝，这些动机是否发生了变化或者动机是否增加了，快乐这个动机依然会比较强烈，在所有动机中占主导，如果失去了这个动机，人们很难长期坚持参加体育运动。

从根本上来说，人们追求快乐就是在追求高质量生活，这体现了人的本质需求，人的发展与社会发展的高度协调也验证了这一点。我们认为，身心健康、精力充沛、能够积极快乐生活的人是幸福的，人生的幸福大抵如此，健康、快乐、有活力，这才是"高品质的人生"，是达到理想健康状态的人生（图1-1）。达到这样的人生高度，人才能以健康的身心去品味生活，享受生活，而坚持体育运动能够帮助人达到这样的人生境界。

总之，不管是青少年儿童，还是中老年人，不管是男性，还是女性，都应该养成运动的好习惯，通过运动获取健康，达到理想的人生状态。

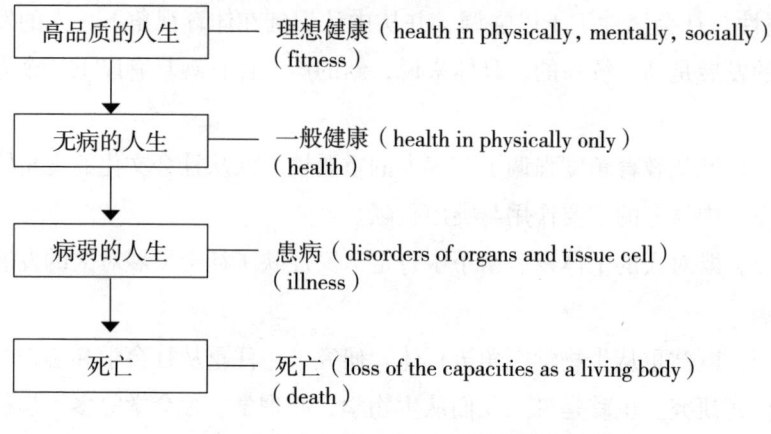

```
高品质的人生 ——— 理想健康（health in physically, mentally, socially）
                  （fitness）
      ↓
无病的人生   ——— 一般健康（health in physically only）
                  （health）
      ↓
病弱的人生   ——— 患病（disorders of organs and tissue cell）
                  （illness）
      ↓
死亡         ——— 死亡（loss of the capacities as a living body）
                  （death）
```

图1-1 高品质人生所需要的理想健康[①]

第二节 体育的发展演变

一、原始社会的体育

（一）体育的萌芽

原始社会时期，体育开始萌芽。体育之所以在这一时期萌芽，与人类早期的生存需要、生产劳动实践及生活方式直接相关。这一时期，人类为了解决生存问题而与自然形成了复杂的关系，在处理这些关系的过程中出现了人类的早期生产活动与生活方式，体育就形成于这些早期活动中。

生存需要是人类最基本的需要，人类要想生存，就要处理好自身与自然界的关系，处理这一关系自然需要进行一些必要的生产实践活动。在原始社

---

① 华宝元，李铎，王海波.体育理论知识教程[M].成都：电子科技大学出版社，2017：32.

会，人类的劳动实践与改造自然密不可分，只有如此，才能从自然界中获取生活资料，才能抵御自然界中异物的侵袭，从而保障生存。在改造自然的劳动实践中，人类既要有一双灵巧的手来爬树采摘果实，又要有良好的臂力来投射，而且还需要有良好的速度和耐力在蛮荒原野上急速奔跑、持续活动。总之，原始社会时期，人类既要体魄强健，又要有勇于斗争、不畏艰难险阻的精神。人类在处理自身与外部自然关系中形成的各种劳动实践，其实就是求生活动，在漫长的求生中，人类逐渐掌握了一些求生手段、生存技能，渐渐地，他们在脱离于改造自然的求生活动过程中，作为生活的实用手段而反复练习、巩固，长此以往，人类的生活技能不断丰富、熟练，身体也越来越强壮，并且将一些实用技能传给后人，成为后人的生存与生活技能。最初这种有意识地以身体为对象加以改造和培养的练习活动便是体育的萌芽。

（二）体育的特点与意义

1.原始社会体育的特点

（1）融合性

在原始社会，体育与生活、劳动紧密结合，没有明确的界限。体育活动往往是在完成某项劳动或满足生活需求的过程中进行的，如狩猎前的体能训练、攀爬技能的培养等。

在原始社会，体育起源于人类劳动。为了生存，原始人需要狩猎、捕鱼、采集等，这些活动都需要一定的身体素质和技能。在不断的劳动过程中，人们逐渐将这些技能演化成一种锻炼身体、提高自身能力的手段，从而形成了原始的体育活动。

体育是应对自然环境的产物。原始社会环境恶劣，自然灾害频发。为了在恶劣环境中生存，原始人需要具备良好的耐力、速度、灵活性等。在这种背景下，体育成为了一种自然选择，优胜劣汰的生存环境使得有强健体魄的个体更容易生存。

（2）简陋性

原始社会体育设施简陋，没有现代体育场馆、器材等。原始人利用自然环境，如河流、山坡等进行游泳、攀岩等体育活动。同时，他们还会自制简单的体育器材，如木棒、石块等。

（3）竞技性

尽管原始社会体育没有现代体育那样激烈的竞争，但在部落间或族群间仍存在一定程度的竞技活动。这些竞技活动旨在展示个体实力，提高部落或族群的威望，如角力、跳远、投掷等。

2.原始社会体育的意义

（1）提高生存能力

在原始社会，体育活动有助于提高个体在劳动、生活中的身体素质和技能水平，从而提高生存能力。如狩猎时需要快速反应能力、攀爬能力等，体育活动使原始人能够更好地适应恶劣环境。

（2）促进社会交流与团结

原始社会体育活动往往是在部落或族群内部进行的，这有助于促进内部团结、凝聚力量。同时，体育活动也是一种社会交流方式，如庆祝丰收、祭祀等活动，体育成为原始人传递情感、交流思想的载体。

（3）促进人类文明的发展

原始社会体育为现代体育的诞生奠定了基础。随着人类社会的发展，体育逐渐从原始的劳动、生活需求中分离出来，成为一种独立的社会现象。可以说，没有原始社会体育的积累，就没有今日丰富多彩的现代体育。

总之，原始社会体育是人类在面对恶劣自然环境、求生存的过程中产生的一种本能需求。虽然当时的活动形式简陋、粗糙，但其在提高生存能力、促进社会团结等方面发挥了重要作用。随着人类文明的发展，原始社会体育逐渐演变，成为人们生活中不可或缺的一部分。

二、奴隶社会的体育

（一）体育以独立形态出现

人类文明历史随着奴隶制的建立拉开了序幕。在奴隶社会时期，随着金属工具的出现与大量运用，社会生产力大幅提高，社会生产关系也因此发生变革，这为体育的初步形成奠定了良好的物质基础和社会基础。这一时期，体育逐渐演化为一种专门的、独立的完整形态。此时，体育活动的内容、形式、规模、组织程度等都比原始社会时期有了显著的改进和发展，人们对体育的认识水平也得到了提高。

奴隶社会时期，人类生产与生活方式随着生产力的发展而改变，与此同时，人类的生活需求也越来越多、越来越高，其中包括体育需求。这一时期逐渐出现了娱乐需求、教育需求、军事需求等新的体育需求。为满足这些多元化的体育需求，国家不断完善社会条件来发展体育，尤其是国家确立教育制度后，体育更是呈现出独立的发展形态。

古希腊体育的发展最能反映出奴隶社会体育的变化与发展面貌。体育竞技是古希腊的一个招牌，古希腊也曾因此享誉世界，源于古希腊的奥林匹克运动更是人类体育史上令世人瞩目的一座丰碑。奴隶社会时期，古希腊特殊的社会背景使人们的体育需求愈加强烈，强烈的体育需求以及为满足体育需求而发生的一系列变革为古希腊体育的发展提供了可能。雅典实行民主制，雅典体育的发展并不是为了直接满足军事需要，体育在雅典是一种广泛的育人手段。雅典作为一个民主制国家的首都，社会文明高度发达，对文化教育非常充实，并强调通过文化教育促进人的身心全面发展，体育在增强体质、培育心理素质、促进身心协调发展方面具有重要作用，因此与雅典社会文明与教育理念高度契合，体育自然就成为培育雅典公民健康体质、良好道德风尚和心理素质的重要手段。

我国周朝的体育发展情况与古希腊相似。周朝建立在奴隶制宗法统治基础上，这一时期体育被国家用来对等级制予以维护和巩固，以满足统治阶级的需要。"射礼政治"充分体现了当时体育的这一政治功能。与此同时，体育在周朝也是很受重视的教育内容，当时的"武士教育"中，体育便是一项重要内容。

总体上，奴隶社会的体育主要是满足统治阶级需要的一种手段，统治阶级通过体育来培养人、完善人，这一时期体育的军事价值、娱乐价值、政治价值以及教育价值都得到了不同程度的释放。

（二）体育的特点与意义

奴隶社会的体育活动既反映了当时的社会风貌，又体现了人类对健康和竞技的不懈追求。

1. 奴隶社会体育的特点

（1）体育与生产劳动相结合

在奴隶社会，体育活动与生产劳动依然紧密相连。奴隶们为了生存和完成繁重的劳动任务，需要具备良好的体力、速度、耐力等身体素质。因此，体育活动在很大程度上是为了提高劳动生产率而进行的。

（2）体育为统治阶级服务

在奴隶社会中，体育成为统治阶级展示权威和满足需要的工具。例如，古希腊的奥林匹克运动会，起初是为了祭祀宙斯而举行的宗教活动，后来逐渐演变为奴隶主阶级的盛会，参赛者多为贵族子弟，体育竞技成为奴隶主阶级的专属。

（3）体育活动有限

在奴隶社会，体育活动的范围和内容受到一定的限制。一方面，由于奴隶身份地位低下，很少有机会参与宫廷体育；另一方面，体育活动往往局限于统治阶级的娱乐需求，如古罗马的角斗场，虽然也有一定的竞技性，但参与者多为奴隶，且活动内容残酷血腥。

（4）体育与军事训练相结合

在奴隶社会，体育活动往往与军事训练紧密结合。为了维护国家统治和防御外敌，统治阶级利用体育来培养忠诚且勇猛的战士。因此，体育活动在一定程度上承担了军事训练的任务，如古希腊的斯巴达战士，通过严格的体育训练培养士兵强大的战斗能力。

2. 奴隶社会体育的意义

（1）促进个体身心健康

尽管奴隶社会体育活动范围和内容有限，但对于参与者来说，有限的体育活动也能够起到锻炼身体的作用，帮助他们提高身体素质，促进身心健康与协调发展。

（2）社会地位的象征

在奴隶社会，体育活动成为社会地位的象征。参与体育活动的机会和成绩，往往与个体的社会地位和身份息息相关。这对于激发人们的积极性，提高社会竞争力具有一定的作用。

（3）促进文化传承与交流

奴隶社会体育的文化传承与交流作用主要体现在古希腊体育的发展中。古希腊的奥林匹克运动会不仅促进了希腊各城邦的文化交流，还在一定程度上传播了希腊文明。

三、封建社会的体育

（一）体育发展进程缓慢

封建社会因为种种因素的影响，体育发展受到制约，进程缓慢。统治阶级对体育的需要成为当时体育发展的主要动力，体育发展尚未形成广泛的社会基础和群众基础。虽然封建社会农民阶层的经济地位较奴隶社会时期奴隶阶层的经济地位有所提升，人身的依附关系也有所改善，但体育仍然没有成为底层人民的普遍需要。这主要是受三方面原因的影响。

第一，受社会生产劳动的特点和生产劳动方式的影响与制约。

第二，受农民阶级经济地位低下和生产关系单一的影响与制约。

第三，受农民阶级被统治阶级压制的影响与制约。

上面几个因素制约了封建社会时期体育广泛社会基础的形成，从而影响了体育的社会参与度，导致这一时期社会体育发展缓慢。

中世纪欧洲封建社会的统治阶级是教会和王权，统治阶层在封建贵族子弟学校开设体育课程，作为骑士教育的主要内容之一，目的是为统治阶级培养接班人。而在一般的教会学校则没有开设体育课，也没有任何能够促进学生体能发展的活动安排。我国整个封建社会时期，虽然体育在有的朝代进步明显，但在封建阶级的约束和伦理道德的影响下，人们对体育的需求总体上受到了严重的限制。不过，与奴隶社会相比，封建社会的生产力较为先进，因此也为体育的发展提供了良好的条件，使体育呈现出比奴隶社会明显进步的一些发展态势，主要有以下几方面的表现。

（1）体育内容不断丰富、完善，技术水平不断提高。

（2）开辟了单纯以娱乐放松为目的的体育领域，相关项目有欧洲高尔夫球、亚洲马球以及我国蹴鞠等。

（3）体育项目规则不断完善，具有职业性质的体育逐渐出现，职业人将体育表演作为自己的一种谋生手段。

（二）体育的类型与价值取向

我国封建社会经历了漫长的发展历史，在漫长的封建社会，我国体育经历了从兴起到成熟的阶段，项目类型不断丰富。封建社会的体育活动不仅发挥了促进健康作用，还发挥了重要的文化价值，承载着封建社会的礼仪规范和价值取向。

1.封建社会体育的类型

（1）宫廷体育

宫廷体育是封建社会体育的重要组成部分。宫廷体育主要以皇家苑囿为活动场所，包括骑射、蹴鞠、捶丸等项目。这些体育项目不仅锻炼了皇族成员的身体，还展示了皇家的权威和地位。此外，宫廷体育还对民间体育产生了深远的影响，推动了体育文化的传播。

（2）民间体育

民间体育是封建社会体育的另一个重要方面。民间体育活动丰富多彩，包括武术、养生、杂技等。这些体育项目既满足了人民群众强身健体的需求，又体现了封建社会民间的风俗习惯和地域特色。

（3）宗教体育

封建社会的宗教体育具有浓厚的神秘色彩。道教、佛教等宗教信仰在体育领域产生了深远的影响，催生了如五禽戏、易筋经等具有宗教特色的体育项目。这些项目在修炼身心、强身健体方面具有显著效果，成为封建社会体育文化的重要组成部分。

（4）教育体育

封建社会注重教育，这主要体现在"六艺"之中。礼、乐、射、御、书、数六艺是封建社会教育体系的核心内容，其中射、御两项与体育密切相关。通过学习六艺，封建社会的士人不仅能够修身齐家治国平天下，还能在体育方面展现自己的才能。

2.封建社会体育的价值取向

（1）崇尚道德

封建社会体育强调道德修养与身心健康的统一。体育活动不仅要锻炼身体，更要陶冶情操、培养品格。封建社会体育倡导忠诚、仁爱等道德观念，体现了中华民族的优秀传统美德。

（2）尊重礼仪

封建社会体育在活动过程中注重礼仪规范。无论是宫廷体育还是民间体育，都在一定程度上反映了封建社会的等级制度、风俗习惯和伦理道德。体育活动中的礼仪规范，有助于维护社会秩序和促进人际关系和谐。

（3）强调和谐共生

封建社会体育倡导人与自然、人与社会的和谐共生。如道教养生强调内外兼修、天人合一，佛教体育则强调禅修与运动的结合。这些体育项目旨在达到身心平衡、和谐共生的境界，体现了封建社会人们对美好生活的追求。

四、资本主义社会的体育

（一）体育成为普遍的社会需要

18世纪60年代，英国率先发生工业革命，工业革命结束时间是在19世纪30年代。工业革命的发生促进了生产力的飞跃发展，资本主义也因此而兴起。资本主义因工业革命而焕发出蓬勃的生命力，人们对物质财富和精神财富的需要达到了空前的高度，而且也在很大程度上得到了满足。所以，资本主义时期的体育形成了普遍的、广泛的社会需要，因此而迅速发展，体育科学体系也逐渐形成。

资本主义时期体育之所以能够成为社会上一种普遍需要，之所以能够快速发展，主要与这一时期大机器生产带来的分工高度专业化直接相关。榨取剩余价值是资本主义生产的直接目的，资本主义通过增加工人劳动力投资、体力投资使对剩余价值的榨取达到最大限度，为了达到这一目的，资产阶级非常重视培养身强力壮的劳动力，使其能够适应现代化生产和高负荷工作的需要。因此，体育便成为资本主义社会一种广泛的社会需求，只有满足了这一社会需求，资本主义才能不断延续生产。资本积累雇佣的工人是无产者，劳动力本身是他们的唯一财产，也就是说，工人通过出卖自己的体力和智力来维持生计。为了有更强的体力，工人便积极参与体育活动，体育需求在无产者中越来越普遍和广泛，并逐渐走上了快速发展之路。

总的来说，虽然资本主义是为了榨取剩余价值而对体育产生普遍需要的，但客观上来说这确实也使体育迎来了良好的发展机遇。而且，随着工业革命进程的加快和科技的不断发展，独立的体育科学体系也逐渐形成，体育发展呈现出良好的面貌，具体表现如下。

（1）体育项目越来越丰富，娱乐类运动项目显著增加。这一时期诞生了很多现代竞技球类运动。

（2）体育项目的竞技特征越来越显著，竞技水平不断提升。成为竞技体育的运动项目规则越来越严谨和完善，从而对比赛加以约束。这也促进了竞技运动的规范化与标准化发展。

（3）体育的阶级性越来越强，而且体育渐渐成为一种特殊的商品。

（二）体育的特征

资本主义社会的体育呈现出以下特征。

1.商业化与市场化

在资本主义社会，体育产业具有高度的商业化和市场化特点。体育俱乐部、赛事组织者、运动员和赞助商等各方紧密联系，形成了庞大的产业链。体育赛事的举办、电视转播权、赞助商合作以及相关商品销售等环节，都体现出强烈的商业气息。同时，市场化运作使得体育资源得到优化配置，提高了体育产业的整体竞争力。

2.竞技性与竞争性

资本主义社会强调体育的竞技性和竞争性，追求更高、更快、更强。各类体育赛事纷纷涌现，运动员通过激烈的竞争，争取荣誉和利益。这种竞技性和竞争性不仅满足了观众对精彩赛事的需求，还激发了运动员不断挑战自我的精神。

3.社会阶层差异

在资本主义社会中，体育成为一种社会分层的表现形式。不同阶层的人们参与体育的方式和机会存在差异，这在一定程度上反映了社会的不公平现象。然而，体育也具有跨越阶层界限的能力，为人们提供了一个公平竞争的平台，使得社会阶层间的流动成为可能。

4.体育与教育结合

资本主义社会注重体育与教育的紧密结合。学校、企业和社区等场所纷纷开展体育教育活动，旨在培养学生的体育素养和团队精神。此外，体育特长生奖学金等政策，也促使更多年轻人投身于体育运动，这为国家的体育事业人才储备创造了有利条件。

5.科技助力

资本主义社会高度重视科技在体育领域的应用。运动生理学、运动心理学等学科的发展，为运动员的训练和比赛提供了科学依据。高性能的运动装备、营养补充品等科技产品，也为运动员提高了竞技水平。此外，现代通讯技术使体育赛事的传播更加迅速和便捷，满足了广大观众的需求。

6.关注健康与生活方式

资本主义社会强调体育对健康和生活的重要作用。越来越多的人将体育锻炼视为日常生活的一部分，以提高身体素质、预防疾病。与此同时，健身产业、户外运动等新兴业态蓬勃发展，为人们提供了丰富多样的健身选择。

7.国际合作与交流

在资本主义社会，体育成为国际合作与交流的重要手段。国际体育组织如国际奥委会、国际足球联合会等，在促进各国体育事业发展、维护世界和平等方面发挥着重要作用。体育赛事如奥运会、世界杯等，成为各国运动员交流竞技、增进友谊的盛会。

总之，资本主义社会的体育呈现出多元化、商业化、竞争性的特点，既反映了社会的不平等现象，又为人们提供了一个追求梦想、实现自我价值的平台。在今后的发展过程中，资本主义社会体育将继续与时俱进，为人类文明的进步作出贡献。

（三）体育发展中繁荣与矛盾并存

1.体育的繁荣

（1）体育产业快速发展

在资本主义社会，体育产业作为国民经济的重要组成部分，得到了迅速发展。以美国、欧洲等发达国家为例，体育产业的年产值已达到千亿美元级别，为经济增长贡献了巨大力量。

（2）竞技水平不断提高

资本主义国家在体育领域投入巨大，通过高科技训练手段、完善的选拔机制和职业化运作，使得竞技水平不断提高。以奥运会为例，资本主义国家在历届奥运会上都取得了优异成绩，为国家赢得了荣誉。

（3）全民体育普及

资本主义国家普遍重视全民体育，政府和企业投入大量资源修建体育设施，推动全民健身。同时，各种体育组织和社团广泛开展活动，使得体育成为人们日常生活的重要内容。

2.体育的矛盾

（1）商业化与公平性的矛盾

在资本主义社会，体育的商业化程度不断加深，资本追求利润的最大化往往导致运动员、教练员等从业者的权益受到侵害。同时，商业化运作也使得体育资源的分配不均，加剧了城乡、贫富之间的差距。

（2）精英化与大众化的矛盾

资本主义国家的体育发展往往以精英体育为核心，重视培养顶尖运动员。然而，这种发展模式容易忽视大众体育的需求，导致资源分配不均。此外，精英体育的选拔制度也容易导致人才浪费，部分有潜力的运动员因选拔标准等原因无法脱颖而出。

（3）民族主义与全球化之间的矛盾

资本主义国家的体育赛事往往承载着民族主义情感，国家荣誉和民族自豪感在其中扮演着重要角色。然而，随着全球化的发展，体育赛事的国际化程度不断提高，民族主义情绪可能引发一系列极端行为。

五、现代社会的体育

（一）欣欣向荣的发展面貌

现阶段，资本主义制度与社会主义制度在现代社会是并存的，社会主义社会与资本主义社会的所有制性质、生产目的等存在本质上的不同。二者的区别体现在多个方面，包括体育。资本主义社会和社会主义社会的体育在性质、目的等方面区别显著。但体育同时处于现代社会的两种制度环境下，因此也有一些共性，这主要是由现代社会赋予的。特别是20世纪80年代以来，体育的全球化进程日益加快，不同社会制度环境下的体育有了越来越多的共同特性。

现代社会，生产力高度发达，科技迅猛发展，极大地改变了现代社会生产生活方式，人类社会发生了翻天覆地的变化。在这样的大背景下，体育也走上了新的台阶。现代体育的内容、规模、形式、地位以及发展水平与速度都达到了前所未有的高度。与此同时，体育教育、体育管理、体育法律、体育科研等领域也得到了迅速发展，包括人们的体育认识水平也显著提高，体育观念不断更新。总之，体育迎来了新的发展高峰。

现代体育是一种独特的复杂社会现象，不管是体育的形态，还是体育的体系，都已经独立。而且，体育的社会化程度也达到了以前从未有过的高度，社会体育组织分门别类、层出不穷，体育行政机构也不断健全。以体育为职业的体育工作者、职业运动员为体育事业的发展作出了巨大贡献。体育的各项规章制度、规则条例、管理措施日渐系统化、规范化。现代体育的科学化水平很高，科学理论研究成果和科学技术成果在体育领域的应用极大地促进了体育科学的发展，也有效提升了体育运动成绩。

当今社会，体育已成为各国、各地区、各民族文化交流互动的重要媒介和途径，具有重要的世界意义、社会意义和文化意义。当前，人们能够以科学的、全面系统的、现代的眼光认识体育，对体育进行分门别类的研究，并根据不同学科的相互关系进行宏观层面和综合视角下的体育研究，促使体育科学成为庞杂的综合体系。

（二）现代体育的深远影响

1.促进人类身心健康

体育作为一种有效的健康促进手段，有助于提高人们的身体素质、预防疾病、延长寿命。现代社会体育的发展使得越来越多的人意识到锻炼的重要性，培养了人们健康的生活习惯。此外，体育心理学的应用使人们更加关注心理健康，通过体育活动培养良好的心理素质。

2.提升社会文明程度

体育作为一种具有广泛群众基础的文化现象，承载着民族精神、时代精神和社会主义核心价值观。现代社会体育的发展推动了体育文化的传播，增强了民族凝聚力，提升了社会文明程度。同时，体育精神如拼搏、团结、公平等价值观深入人心，对社会主义精神文明建设具有重要意义。

3.推动社会经济发展

现代社会体育产业的快速发展为经济增长提供了强大动力。体育产业对相关产业的带动效应显著，如旅游业、餐饮业、广告业等。此外，体育赛事的举办能够提升城市形象、吸引外资、促进旅游业发展。体育产业已成为我国经济发展的新引擎，对实现全面建设社会主义现代化国家目标具有重要作用。

4.强化国际交流与合作

现代社会体育的国际化发展趋势促进了各国之间的交流与合作。国际体育赛事成为展示国家实力和文化的重要窗口，有助于提升我国的国际地位。同时，体育领域的国际合作有助于加深各国人民的友谊，为构建人类命运共同体贡献力量。

（三）体育的多元发展趋势

随着科技的飞速发展和经济的持续增长，现代社会体育在全球范围内呈现出蓬勃发展的态势。

1. 全民化趋势

现代社会体育越来越注重全民参与，体育活动不再局限于专业运动员，而是向广大人民群众普及。各种体育项目和健身方式层出不穷，满足了不同年龄、性别、职业人群的需求。体育健身成为全民追求的健康生活方式，体育产业也随之呈现出多样化、个性化的特点。

2. 科技化趋势

现代科技在体育领域的应用日益广泛，如运动生理学、运动心理学、生物力学等学科的研究成果不断应用于体育训练和比赛。此外，智能设备、虚拟现实等技术也为体育健身提供了全新的体验，使得体育活动更加便捷、高效、有趣。科技与体育的深度融合推动了体育产业的创新发展。

3. 产业化趋势

体育产业作为现代服务业的重要组成部分，在全球范围内呈现出快速增长的态势。体育产业涵盖了体育用品、体育服务、体育赛事、体育媒体等多个领域，不仅为国家经济增长贡献了力量，而且创造了大量就业岗位。随着我国体育产业的快速发展，各类体育企业纷纷加大对体育科技创新的投入，以提高竞争力。

4. 国际化趋势

现代社会体育具有强烈的国际化特征，跨国交流与合作日益频繁。国际体育赛事如奥运会、世界杯等成为各国展示国家实力和文化的重要舞台。体育全球化促进了国际体育产业合作，带动了体育用品、体育服务等相关产业的国际贸易。同时，国际化趋势也使得体育成为我国对外文化交流的重要载体。

第三节 体育的特性与体育本质

一、体育的特性

（一）竞技性

体育的核心是竞争，它通过各种体育项目展现运动员在体能、技能和心理等方面的综合素质。竞技性不仅体现在比赛成绩的争夺，更表现在运动员在训练和比赛过程中的拼搏精神。这种精神包括了自律、坚韧、进取和团队合作等品质，对于运动员个人品质的培养和社会价值观的传承具有深远影响。体育竞技性激发着运动员们不断挑战自我，突破极限，为国家争光。在我国，这种精神已经成为中华民族自强不息、拼搏向上的重要体现。

（二）技能性

体育的技能性特征是指体育运动中所表现出的技术水平、战术意识和运动素质等方面的特点。体育运动作为一种人类社会文化活动，其技能性特征在很大程度上体现了运动员的专业素养、身体素质和竞技水平。从本质上讲，体育的技能性特征涵盖了运动项目的技术要求、运动过程中的战术运用、运动员的体能状况、心理素质等方面。

体育项目的技术要求是衡量运动员技能水平的重要标准。每个运动项目都有其独特的技术动作，运动员需要通过长期的学习和训练，掌握这些技术要领，使之成为自然流畅的运动技能。在体育比赛中，运动员的技术水平直接影响到比赛的结果。因此，不断提高技术水平是运动员在竞技场上取得优异成绩的关键。

运动过程中的战术运用是体育技能性特征的另一个重要方面。运动员需要根据比赛的特点和对手的情况，制定合适的战术策略。在比赛中，运动员要善于观察、分析、判断，迅速作出反应。战术运用的合理性将有助于运动员在比赛中取得优势，提高竞技水平。

运动员的体能状况是体育技能性特征的重要组成部分。良好的体能状况有助于运动员在比赛中发挥出较高的技能水平。运动员需要通过科学的训练方法，提高自己的身体素质，包括力量、速度、耐力、柔韧性和协调性等。这些身体素质的提高，将使运动员在比赛中具备更好的运动表现和竞技水平。

心理素质在体育竞技中起着至关重要的作用。运动员在比赛中需要具备坚定的信心、稳定的情绪和高度的专注力。面对压力和挑战，运动员需要调整自己的心态，保持积极向上的精神状态。心理素质的培养对于运动员在比赛中发挥出高水平技能具有重要意义。

（三）健身性

体育的健身性旨在促进个体身心健康，使身体更强壮、精力更充沛。体育项目的多样性，如田径、游泳、瑜伽等，满足不同人群的需求，让人们在运动中找到适合自己的方式，从而达到健身的目的。健身性不仅对个人的健康生活有着重要意义，也从一定程度上提升了整个社会的健康水平。此外，长期坚持体育锻炼还能够预防多种疾病，降低医疗成本，有利于构建健康中国。

（四）娱乐性

在现代社会，体育已经成为人们日常生活中不可或缺的一部分，不仅具有强身健体的作用，更具有极高的娱乐价值。体育的娱乐性表现在多个方面，包括体育赛事、体育活动、体育节目等，既满足了人们的精神文化需求，又推动了我国社会经济的发展。

体育赛事是体育娱乐性的重要载体，如奥运会、世界杯、NBA等顶级赛事，吸引了全球数亿观众关注。观众在这些赛事中，既可以欣赏到运动员们的高超技艺，也可以感受到激烈的竞争和激情。此外，体育赛事中的悬念、逆袭、纪录等元素，也为观众带来了无尽的惊喜和娱乐。

体育活动不仅限于专业赛事，还包括广泛的群众性体育活动。如马拉松、羽毛球比赛、广场舞等，这些活动让人们在参与过程中，享受到运动带来的快乐和成就感。此外，体育活动还可以促进人际交往，让人们在工作和生活之余，有更多的机会结识新朋友，丰富自己的社交生活。

体育节目是电视、网络等媒体的重要内容，如体育解说、体育访谈、体育真人秀等。这些节目通过讲述体育故事、展示体育明星的生活，让观众在了解体育的同时，感受到体育的魅力和乐趣。此外，体育节目还可以传播体育文化，弘扬体育精神，对提高国民素质具有积极意义。

（五）社会性

体育具有强烈的社会互动性，能够拉近人与人之间的距离，增强团队协作精神。体育活动往往需要集体参与，使人们在互动中建立友谊、传递正能量。体育的社会性使其成为一种强大的社会凝聚力，对于构建和谐社会具有积极意义。在我国，体育赛事往往成为全民关注的焦点，让人们共同为国家和民族的荣誉而欢呼、自豪。

（六）文化性

体育作为一种文化现象，承载着民族精神、历史传统和时代风貌。体育文化体现在运动员的职业道德、体育道德和精神风貌等方面，这些都是我国优秀传统文化的重要组成部分。体育文化在我国的传承和发展，对于弘扬民族精神和培育国家自豪感具有重要作用。以我国乒乓球为例，我国在国际乒乓球比赛中的辉煌成绩成为国球实力的象征，激发了国民的爱国情怀。

（七）教育性

体育具有寓教于乐的特点，能够培养人的意志品质、道德观念和良好习惯。体育教育贯穿于学校、家庭和社会各个领域，对个体成长具有重要意义。体育教育不仅能够提升个体的综合素质，还能引导人们形成健康的生活方式，从而促进社会文明的进步。在学校教育中，体育课程的设置有助于培养学生的团队精神、合作意识和规则意识，为我国人才培养奠定坚实基础。

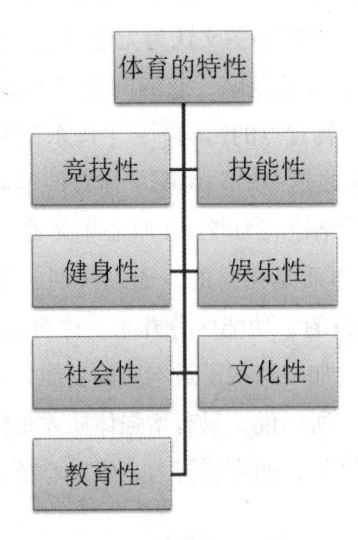

图1-2 体育的特性

二、体育的本质——增强体质

体育的本质反映的是体育的内在规定性，它以体育的属性为主要表现。确定体育的本质，关键要对体育的本质属性与非本质属性加以区分，要对体育的本质属性有正确的把握。如果不能正确认识体育的本质，就会在体育实践中走弯路，甚至步入歧途。我们在认识体育的本质时，容易与运动竞技的本质混淆，如将提升运动技能水平看作是体育的本质属性，或直接将体育的本质特征定义为体育竞争或竞赛，其实这是非本质属性。还有其他一些非本质属性被误认为是本质属性，如丰富社会文化生活、为社会政治经济服务等。事实上，作为教育的一个特殊组成部分，体育是以增强体质为根本特征的。从这一点来看，不仅是竞技的、竞赛的运动方式属于体育运动的范畴，一些非竞技和非竞赛的运动方式也是体育内容的组成部分，如西方健身体操、中国养生功法、印度瑜伽等。

对体育本质的认识，辩证唯物主义与唯心主义的分歧很大。辩证唯物主义立足科学真理，指出体育在本质上是采用各种体育手段来强身健体、增强体质、增进健康的教育，而唯心主义认为无论是竞技性质的运动形式还是娱乐性质的运动形式都是体育的范畴，它的问题在于将手段与目的混为一谈，脱离客观实际。在辩证唯物观点的影响下，毛泽东在《体育之研究》中提到，"体育者，人类自养其生之道……"说明了体育的本质是增强体质、完善人体。辩证唯物主义的科学结论有力驳斥了唯心主义关于体育本质的观点。

体育本质与体育非本质是相对的，通过区别二者要能够将体育本质目的、功能和体育非本质目的、功能区分开来。体育的功能表现在诸多方面，但增强体质是最根本的。如果忽视了最本质的功能与作用，其他属性与功能也就失去了存在的意义。所以说，只有增强体质才是体育的本质属性，而通过强身健体带来的其他好处，如发展智力、娱乐心情、磨练意志等都属于体育的非本质属性。

总之，我们可以将体育的本质理解为"体育是增强体质的教育"。只有对体育的本质有正确的认识，将体育的本质属性与非本质属性厘清，才能对体育与其他艺术形式（百戏、杂技、舞蹈）的关系有正确的认识与把握。这里需要说明的是，我们强调体育的本质是增强体质，并没有忽视与否定体育的其他目标与功能，其他非本质的属性、目的与功能同样很重要。

第四节　体育的规律

一、人体机能适应性规律

体育作为一项重要的社会活动，旨在促进个体身心健康、提高国民素质。在我国，体育事业发展始终秉持科学化、规范化、全民化的原则，为广大人民群众提供丰富多样的体育健身服务。人体机能适应性规律作为体育科学理论体系的重要组成部分，对指导体育实践具有重要意义。

体育遵循人体机能适应性规律，就是在体育运动过程中，人体各器官、系统在不断调整、适应的过程中逐步提高机能水平，从而达到更高运动水平。这一规律体现了生物体在运动锻炼中对外界刺激的反应和内在适应性调整，具体包括：

（1）运动负荷与适应性反应。人体在承受一定强度的运动负荷时，会引发一系列生理、生化反应，如激素分泌、肌肉增长等。随着运动负荷的逐步增加，人体会逐渐适应这种变化，提高各器官、系统的机能水平。

（2）运动种类与全面适应。不同类型的体育运动可刺激人体不同部位和系统的发育，如耐力运动有利于心肺功能提高，力量运动有助于肌肉增长等。通过多样化体育运动，人体可实现全面适应，提高整体机能水平。

（3）运动周期与适应性变化。运动锻炼需保持一定的周期性，才能取得良好的效果。在运动周期中，人体会经历适应、提高、稳定等阶段。合理的运动周期安排有助于人体在长期锻炼中持续提高机能水平。

在体育健身锻炼中遵循人体机能适应性规律，能够保证运动的科学性、安全性。广泛传播人体机能适应性规律，有助于普及科学健身知识，提高全民健康水平。在全社会形成积极参与体育健身的良好氛围，促进国家体育事业繁荣发展。遵循人体机能适应性规律，有助于科学制订运动计划，确保个体在适宜的运动负荷、运动种类和运动周期下，达到最佳的锻炼效果。此外，合理遵循人体机能适应性规律，还可有效降低运动损伤风险。运动损伤往往发生在运动负荷突然增加、运动类型不当或运动周期不规律的情况下。而遵循人体机能适应规律，有助于逐步提高身体机能，避免运动损伤。

二、人的身心协调发展的规律

人的身心协调发展，是指在个体成长过程中，身心各个方面相互促进、和谐共生的发展过程。身心协调发展规律包括以下几个方面。

第一，阶段性规律。人的身心协调发展呈现出一定的阶段性，每个阶段都有其特点和规律。例如，儿童期的生理发育迅速，心理发展相对滞后；青少年期心理发育迅速，生理发育逐渐减缓。

第二，顺序性规律。身心协调发展按照一定的顺序进行，前一阶段的发展为后一阶段奠定基础。例如，语言能力的发展先于逻辑思维能力的发展。

第三，互补性规律。身心各个方面在发展过程中相互促进、互补不足。例如，在生理发展受限的情况下，心理发展可以弥补生理的不足，使个体达到相对和谐的身心状态。

第四，互动性规律。身心协调发展需要个体与环境的互动，通过与社会、自然和人际关系的交流，实现身心各个方面的平衡与发展。

身心协调发展规律对促进身心健康具有重要意义，如：有助于个体在面对生活和工作中的挑战时，保持良好的心理素质和生理机能，提高应对压力的能力；有助于个体建立和谐的人际关系，提高社会交往能力，促进社会适应；有助于个体更好地认识自我，实现自身价值，从而提高生活质量；有助于个体在面对逆境时具备更强的心理承受能力和适应能力，从而更好地应对生活中的困难。

鉴于人体身心协调发展规律的重要性，在以增强体质为本质属性的体育运动中，必须遵循这一规律，促进人体身心全面健康和协调发展。遵循这一规律具体要从以下几方面努力：

第一，在体育运动中关注个体差异，根据每个人的身心发展特点和需求制订个性化的体育锻炼方案。

第二，倡导全面素质教育，将体育与德育、智育、美育等结合起来，促进个体在德、智、体、美等方面的全面发展，提高个体综合素质。

第三，创设良好的体育环境：为个体提供安全、富有挑战性的运动环境，激发其参与体育运动的积极性和身心发展的潜能。

第四，在体育中融入心理健康教育，提供能够促进心理健康的体育运动方式，提高个体心理素质，促进身心协调发展。

第五，家庭、学校和社会共同关注个体身心发展，形成有利于个体身心协调发展的体育运动氛围。

三、主体性规律

现在,越来越多的人开始关注体育对个体身心健康的积极影响。在体育活动中,人的主体性显得尤为重要。人的主体性具体表现为能动性和自主性两个方面。在体育活动中,人的能动性表现为个体主动参与体育事务,积极调整自己的行为和心态,以达到体育锻炼的目的。这种能动性不仅体现在体育技能的习得和提高上,还表现在克服困难、挑战自我、追求卓越的过程中。体育活动中的自主性是指个体在体育活动中具有独立思考、自我决策和自我调节的能力。这种自主性有助于个体在体育活动中充分发挥自己的潜能,形成良好的体育素养,从而提高体育活动的效果。

在体育活动中关注人的主体性,坚持以人为本,注重培养人的体育知识素养和运动能力,不仅能够促进人的发展,还能促进体育的发展。具体而言,遵循主体性规律,具有以下重要意义:

第一,提高体育活动的参与度。具有主体性的人更容易投入体育活动中,积极参与各类体育项目,从而提高我国体育活动的普及率和参与度。

第二,提升体育活动的质量。在体育活动中,具有主体性的人能够充分发挥自己的潜能,运用科学的锻炼方法,提高体育锻炼的效果,从而提升体育活动的整体质量。

第三,培养良好的体育道德。体育活动中发挥人的主体性,有助于培养个体遵守规则、诚实竞技、团结协作等体育道德,促进体育活动的健康发展。

第四,塑造积极的人生观。体育活动中强调人的主体性,有助于个体树立积极的人生观,以乐观、自信的心态面对挑战,实现个人价值。

为了使个体在体育活动中充分发挥自己的主体性和能动性,我们要加强体育教育,通过家庭、学校、社会等多渠道对个体进行体育教育,培养个体的体育兴趣,提高体育素养,增强体育意识。在体育实践中还要创设良好的体育环境,这就需要政府和社会各界共同努力,为人们提供丰富的体育资源和完善的体育设施,让人们能够方便地进行体育活动。此外,为了更好地发挥人的自主性,还需要面向社会大众积极宣传与倡导健康的生活方式,宣传体育健身的重要性，引导人们树立健康的生活方式，将体育活动融入日常生活。与此同时，还要加强对体育活动的组织与指导，为人们提供科学的锻炼方法和建议，使个体在体育活动中能够充分发挥运动潜能。

四、运动技能形成规律

运动技能是指通过练习和训练，个体在运动中能够表现出的一种有序、协调和稳定的身体活动能力。它在很大程度上反映了人的运动水平和运动素质，对于提高运动成绩和促进身体健康具有重要意义。要想在体育活动中取得优异成绩，就必须遵循运动技能形成规律。

（一）运动技能的形成机制

1.生理机制
（1）神经适应
运动技能的形成与神经系统密切相关。通过反复练习，神经系统可以逐步调整和优化神经回路的结构和功能，提高神经传导速度和肌肉收缩能力。
（2）肌肉记忆
肌肉记忆是指在反复练习过程中，肌肉纤维形成的稳定收缩模式。它是运动技能形成的重要生理基础，有助于提高动作的稳定性和自动化程度。
2.心理机制
（1）认知学习理论
认知学习理论认为，运动技能的形成是通过大脑对信息的加工、组织和整合的过程。在学习过程中，个体需要通过对动作的要领、顺序、时机等方面的认识和理解，逐步建立起正确的动作表象和运动感觉。
（2）联结主义学习理论
联结主义学习理论认为，运动技能的形成是基于刺激与反应之间的联结。在学习过程中，个体需要通过不断的练习，将动作要素与运动效果建立起牢固的条件反射，从而实现运动技能的掌握。

（二）运动技能形成规律的内容与表现

1.阶段性规律

运动技能的形成过程可以分为三个阶段：认知阶段、练习阶段和自动化阶段。

（1）认知阶段。在这个阶段，我们需要了解和熟悉运动技能的基本原理、技巧和方法。通过观察、模仿和实践，运动员逐渐掌握运动技能的基本要素。

（2）练习阶段。在这个阶段，需要在指导下进行反复练习，将已掌握的基本要素整合成完整的运动技能。这个阶段的特点是人的动作不够流畅、稳定，需要注意力集中和意识控制。

（3）自动化阶段。在这个阶段，人们通过大量的练习，使运动技能从意识控制转化为自动化的动作，能够在比赛中自然、流畅地运用所学技能。

2.顺序性规律

运动技能的形成过程中，我们需要按照一定的顺序逐步掌握技能。这个顺序可以分为以下几个方面：

（1）动作结构的顺序：从简单到复杂，先掌握基本动作，再逐步学习组合动作和高级技巧。

（2）动作方法的顺序：从易到难，先掌握容易的动作方法，再逐步学习更复杂的动作技巧。

（3）动作能力的顺序：从低级到高级，先培养基本动作能力，再逐步提高综合素质。

3.个体差异性规律

不同人在运动技能形成过程中，由于遗传、年龄、性别、身体素质等方面的差异，使得运动技能的形成速度和程度各不相同。因此，在体育活动过程中，要充分考虑个体差异，制订个性化的运动计划，以提高运动效果。

4.动态变化规律

运动技能的形成是一个动态变化的过程，在体育活动过程中，人的技能水平会不断波动和变化。这种波动和变化受到运动方法、运动强度、运动主体心理和生理状况等多种因素的影响。因此，在体育活动过程中，要适时调整运动计划，确保人们的技能水平不断提高。

5.实践性规律

运动技能的形成离不开实际操作和实践。通过参加游戏、比赛、模拟比赛和专项训练等实践活动，人们可以在真实场景中检验和提高自己的运动技能。实践性规律强调了实践在运动技能形成过程中的重要性，要求训练过程中注重实践环节的设计和实施。

总之，了解和掌握运动技能的形成规律，有助于科学制订体育活动计划，提高体育运动参与效果，提高运动水平，这为我国体育实践的发展提供了有力的理论支持。

五、运动负荷适宜的规律

在进行体育活动时，如何合理安排运动负荷，以确保锻炼效果的同时避免运动损伤，这已成为一项至关重要的课题。运动负荷适宜是指在体育活动中，根据个人的身体状况、年龄、运动项目特点等因素，合理调整运动量、运动强度、运动频率等，从而达到最佳的锻炼效果。如果运动负荷太大，则可能会造成运动损伤，如果运动负荷太小，又无法达到预期的运动效果，因此必须遵循运动负荷适宜的原理与原则去参加体育活动。遵循运动负荷适宜的规律，可以充分发挥体育锻炼的优势，促进身心健康。

具体而言，在体育实践活动中遵循运动负荷适宜规律的重要性表现为：使锻炼者更快地提高身体素质，提高锻炼效果，达到预期的锻炼目的；使锻炼者身体各部位的机能得到全面、协调地发展，提高身体综合素质；使锻炼者能在体育锻炼中感受到快乐，提高运动兴趣，从而坚持下去；适当控制运动负荷，降低运动损伤的风险，确保锻炼者的身体健康。

要在体育活动中遵循运动负荷适宜规律，就要在进行体育活动前充分了解自己的身体状况，根据个人兴趣和身体状况，选择适合自己的运动项目，切忌盲从。要合理制订锻炼计划，从低运动量开始，按循序渐进的原则增加运动量，以达到适应。此外，还需要安排合理的运动频率，以有氧运动为例，每周进行3—5次，每次持续30—60分钟，有助于身体健康。

总之，遵循运动负荷适宜规律，合理安排运动负荷，既能达到锻炼目的，又能确保身体健康。

六、体育手段与体育目的的一致性规律

体育手段是指通过各种体育活动和锻炼方式来实现体育目的的方法、工具等的总称。体育目的则是指人们通过体育活动所期望达到的具体目标。体育手段与体育目的的一致性是指在进行体育活动时，所采用的方法能够有效地实现预定的目标。确保体育手段与体育目的的一致性有助于提高体育活动的效果，使参与者能够更加高效地实现自己的锻炼目标。同时，这一规律还有助于提高体育教育、运动训练的质量，培养更多具备良好体育素养的人才。

在体育实践中必须遵循体育手段与体育目的的一致性规律，制订合理的体育教学和运动训练计划，从学生或运动员的实际情况出发，再结合体育教育目标或运动训练目标选择恰当的、新颖的教学手段或训练手段，从而达到预期的教育与训练效果。

这一规律也适用于体育健身中，如人们明确自己的体育健身目的，从而选择恰当的体育手段进行锻炼，这里的体育手段不仅包括体育项目和运动方式，还包括运动强度、运动时间、运动频率、运动器械等要素。只有合理选择各要素，才能达到最佳锻炼效果。

总之，在我国体育事业发展中要遵循体育手段与体育目的的一致性规律，从体育事业发展的长远目标出发，选择能够带来可持续效果的体育发展手段和路径，推动我国体育事业持续发展。

第五节 体育的功能

一、体育的政治功能

在政治领域,体育发挥着不可替代的作用,它既是我国政治体制的重要组成部分,也是国家软实力的重要体现。体育的政治功能主要表现在以下几方面。

(一)提升国家形象

体育在国际舞台上具有极高的关注度,优秀的体育成绩能够提升国家的国际地位和影响力。我国自改革开放以来,在体育领域取得了举世瞩目的成就,不仅在奥运会等国际赛事中屡创佳绩,还成功举办了北京奥运会、广州亚运会、北京冬奥会等大型国际体育赛事。这些成果展示了国家的综合实力,提高了我国在国际舞台上的地位,增强了民族自豪感和凝聚力。

(二)促进民族团结

体育具有跨越国界、民族、宗教的特点,能够促进不同民族之间的交流与融合。在我国,各民族间的体育交流有助于增进民族团结、维护国家稳定。政府通过举办各类民族体育活动,推广民族传统体育项目,激发各民族积极参与体育的热情,从而达到增进民族间了解、促进民族和谐的目的。

(三)培养公民素质

体育作为一种社会教育手段,有助于培养公民的道德素质、心理素质和团队协作精神。我国政府将体育教育纳入国民教育体系，大力推广全民健身运动，使广大人民群众在体育锻炼中养成良好的生活习惯，增强体质，提高公民整体素质。

（四）提升国家文化软实力

体育文化是我国文化的重要组成部分，具有丰富的内涵和独特的魅力。通过体育文化的传播，可以增强国家文化软实力，提升国家在国际社会的地位。我国积极推广体育文化，如中华武术、太极拳等传统体育项目，使其成为国家文化名片，为世界了解中国打开了独特的体育文化窗口。

二、体育的经济功能

体育作为一种社会现象，既承载着丰富人们精神文化生活的重任，又具有显著的经济效益。近年来，我国体育产业得到了长足的发展，体育的经济功能日益凸显，具体表现在以下几方面。

（一）产业带动效应

体育产业作为国民经济的重要组成部分，涵盖了体育产品制造、体育服务、体育营销等多个领域。随着我国经济的持续增长，体育产业规模不断扩大，市场潜力巨大。体育产业还具有较强的辐射效应，能够带动相关产业的发展。例如，体育用品制造业与原材料、物流、包装等行业密切相关；体育赛事的举办需要酒店、餐饮、交通等行业的支持；体育健身场所的兴起带动了健康、休闲、娱乐等行业的发展。这些产业之间的相互关联，形成了产业链条，为经济增长创造了良好的条件。体育产业的发展不仅为国家创造了丰厚的经济效益，还为社会提供了大量的就业岗位。

（二）提高劳动力素质

体育对于提高国民健康水平具有重要意义。健康的人口有助于提高劳动力素质，降低医疗支出，促进社会和谐发展。此外，体育产业还带动了健康产业的发展，为健康产业提供了新的经济增长点。

（三）促进体育消费增长

随着居民生活水平的提高，体育消费逐渐成为消费市场的一大亮点。越来越多的消费者开始关注身体健康，购买体育用品、参加体育运动成为了一种时尚。我国体育消费市场规模持续扩大，体育消费需求不断升级，拉动了内需，为经济增长注入了新动力。

三、体育的文化功能

体育作为一种特殊的文化形态，是社会文化大背景下的一种亚文化。它融合了历史、地理、民族、宗教等多种文化元素，通过竞技、游戏、锻炼等形式，展现了人类的精神风貌和价值追求。体育文化包括体育运动本身所蕴含的文化内涵，以及与之相关的竞技精神、体育道德、体育艺术等。

体育文化的多元化体现在不同地区、不同民族之间的体育项目、体育习俗和体育观念的差异。如中国传统体育项目太极拳、蹴鞠等，体现了中华民族独特的养生理念和健身方式；西方体育项目如足球、篮球等，则展现了西方国家的团队精神和竞争意识。充分发挥体育的文化功能，对于推动文化繁荣、促进社会和谐具有重要意义。在新时代背景下，我们应更加重视体育文化的发展，让体育为人民群众提供更多精神文化享受，助力中华民族伟大复兴。

体育的文化功能具体表现在以下几方面。

（一）传承民族文化

体育作为民族文化的重要组成部分，承载着丰富的历史信息和民族特色。通过体育活动，可以传承和弘扬民族优秀文化，增强民族凝聚力，促进民族文化的发展。

（二）促进国际文化交流

体育具有跨越国界、民族、文化的特点，是世界各国人民共同参与和喜爱的活动。体育赛事如奥运会、世界杯等，既是体育竞技的舞台，也是文化交流的平台。通过体育活动，可以增进各国人民之间的了解和友谊，促进国际文化交流与合作。

（三）塑造社会价值观

体育蕴含着积极向上的精神内涵，如拼搏、团结、公平、尊重等。通过参与体育活动，人们可以培养良好的道德品质和积极的人生态度，促进社会精神文明建设。

四、体育的身心健康功能

体育已成为当今社会人们日常生活中不可或缺的一部分。体育活动能够强身健体，提高人们的身体素质，并对人的心理健康产生积极影响。

（一）促进身体健康

体育促进身体健康的功能表现为：
（1）增强心肺功能。有氧运动如跑步、游泳等可以提高心肺功能，使血液循环更加顺畅，降低心血管疾病的风险。

（2）增强肌肉力量和耐力。通过力量训练，可以增加肌肉力量、耐力和协调性，提高人体的运动能力。

（3）促进骨骼生长发育。适量进行户外运动，可以促进骨骼生长，预防骨折和骨质疏松等疾病。

（4）提高免疫力。体育活动可以增强人体免疫系统的功能，提高抵抗力，减少生病的机率。

（5）调节体重。体育活动能帮助消耗热量，维持健康的体重，预防肥胖和糖尿病等代谢性疾病。

（二）促进心理健康

体育促进心理健康的功能表现为：

（1）缓解压力。运动可以促使大脑释放内啡肽等物质，帮助人们缓解压力，提高情绪。

（2）增强自信心。通过不断挑战自己，克服运动过程中的困难，可以增强个体的自信心和自尊心。

（3）提高注意力。适量运动可以提高大脑的注意力，有助于提高学习和工作效率。

（4）培养团队合作精神。团队运动如篮球、足球等，可以培养人们的团队合作意识和团队精神。

（5）增进人际关系。体育活动是一种有效的社交方式，能拉近人与人之间的距离，增进人际关系。

我们应该充分认识到体育的健康价值，积极参与体育活动，让体育成为我们生活中的一部分，养成良好的体育锻炼习惯，提高我们的身心健康水平和生命质量。

五、体育的教育功能

在当今社会，人们越来越重视体育教育对个体全面发展的积极作用。体育的教育功能从其与德育、智育、美育以及社会实践的结合中充分体现出来，如图1-3所示。

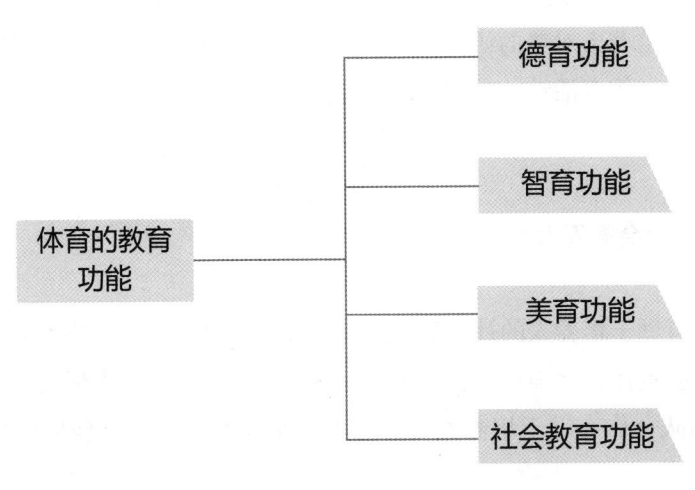

图1-3 体育的教育功能

（一）德育功能

体育能够培养人的规则意识，在体育活动中，人们需要遵循一定的规则和纪律，这有助于培养他们的规则意识，从而在日常生活中更好地遵守法律法规。体育还能够塑造良好的人格品质，体育活动中的团队合作、拼搏精神、公平竞争等价值观，有助于培养良好的人格品质，提高人们的社会适应能力。

（二）智育功能

体育能够提高人的学习和工作效率，适当的体育锻炼可以改善人的身心状态，促进大脑的血氧供应，从而提高学习与工作效率。体育还能够培养人的创新思维，体育活动中的挑战和竞争可以激发参与者的求胜欲望和创新思维，培养他们解决问题的能力。

（三）美育功能

体育可以培养人的审美观念，体育活动中的美学元素，如舞蹈、音乐等，有助于培养人对美的认识和欣赏能力。体育也能够提升人的自我表现能力，通过参加体育活动，人们可以在竞技场上展示自己的才能，提高自我表现能力。

（四）社会教育功能

体育有助于培养人的社会责任意识，人们通过参加公益体育活动，能够体会到社会责任，增强社会公益意识。体育也有助于促进人际交往，集体项目中的团队合作有助于培养人的良好人际交往能力，提高他们的社会沟通能力。

总之，体育教育具有丰富的教育功能，对于人的全面发展具有重要意义。在我国教育事业的发展过程中，应当充分发挥体育教育的积极作用，将体育与德育、智育、美育相结合，促进人的全面发展，从而为国家培养更多优秀人才。

第二章 体育的目的与任务

体育作为人类社会一项特有的文化活动，自产生与形成之初，其目的性就很明确，而且体育的目的在一定的历史时期是相对稳定的，但在不同历史阶段体育的目的是有差异的。开展体育工作要以体育的目的为出发点，它同时也是体育工作最终指向的归宿，体育工作的方向是由体育的目的决定的。体育的目的和任务密切相关。体育的任务是体育目的的具体化，完成体育任务能够保证体育目的的成功实现。总之，要想明确体育工作的方向，就必须确定体育的目的和任务。可见，体育的目的与任务非常重要。本章主要对体育的目的与任务进行分析，内容主要包括从不同角度认识体育的目的、体育目的与任务的确定、当前我国体育的目的与任务及实现途径。

第一节 从不同角度认识体育的目的

一、从健康与体质关系的角度认识体育的目的

体育的目的常常与增强体质、增进健康不可分割。我们要清楚体质、健

康与体育的关系，这样才能更好地理解体育的目的——增强体质。

健康是一个永恒的话题，究竟什么是健康？我们常常听到人们谈论健康，但是很少有人能够真正阐述出健康的含义。在这个充满竞争与压力的时代，健康不仅是身体无病的状态，更包含了心理、社会等多个层面的内涵。

首先，健康意味着身体上的良好状态。这是人们最直观的认识，也是传统意义上的健康概念。一个人如果没有疾病、疼痛，拥有健康的生理功能，就可以说是身体健康。然而，现代医学研究告诉我们，仅仅没有疾病并不代表身体一定处于最佳状态。因此，健康的第一层含义就是指身体机能的正常运行和生理结构的完整性。其次，健康还包括心理层面的意义。一个健康的心理状态意味着情绪稳定、心态积极、人际关系和谐。在面对挫折和压力时，能够保持乐观的心态，调整自己的心理状态，从而达到心理平衡。心理健康对于个体在社会中的适应能力具有重要意义，它有助于提高人们的生活质量和幸福感。再次，健康还涉及社会层面。在这个层面上，健康意味着一个人能够适应社会环境，拥有良好的社会交往能力，积极参与社会活动，为社会的和谐与发展作出贡献。健康的社会环境、家庭环境和人际关系也是健康的重要组成部分。从次，健康还体现在道德层面。一个健康的人，应该具备良好的道德品质，尊重他人，关爱自然，遵纪守法，为人诚实守信。道德健康是社会和谐的基石，对于维护社会稳定和促进人类文明发展具有深远的影响。最后，健康还包含了精神层面的内涵。一个人的精神健康体现在对生活的热爱、对理想的追求、对信仰的忠诚。精神健康是人们在生活中不断前进的动力，是实现人生价值的基础。

总之，健康是一个多层次、多维度的概念，它包括了身体、心理、社会、道德和精神等多个方面。对于健康的这些内涵，大家的理解越来越有共识。

了解了健康的内涵后，我们来认识何为体质。在日常生活中，我们常常会发现，面对同样的环境和刺激，不同的人会有不同的反应。是什么导致了这种个体差异？答案就在于体质。对于体质的概念，人们的认识在不断进步与拓展，人们早期对体质的理解主要集中在单纯的生物学层面，也就是只包含身体层面，后来逐渐认识到了体质在心理、社会层面的内涵。现代意义上的体质通常是指个体在生物、心理和社会方面的固有特性。它涵盖了人体的生理、心理、认知、行为等多个方面，是遗传和环境相互作用的结果。

体质在生物层面的表现为遗传基因和生长发育状况。遗传基因决定了个体的一些生理特征，如身高、体重、肤色等；生长发育状况则反映了个体在生长发育过程中的适应性和稳定性。体质在心理层面的表现为性格、情绪和认知特点。性格是个体对现实环境的稳定反应方式，如外向、内向等；情绪则是个体在面对刺激时的主观体验，如焦虑、抑郁等；认知特点则包括智力、记忆力、注意力等方面。体质在社会层面的表现为人际关系、社会适应性和价值观。人际关系反映了个体在社交互动中的角色和地位；社会适应性则是个体在面对社会变革和压力时的应对能力；价值观则是个体对生活和道德的认识和取向。

当我们能够比较全面地认识体质的内涵之后，就能发现体质的内涵与健康的内涵是较为相似的。但二者的区别也是比较明显的，体质针对的主要是身体健康，而健康却包含人的整体健康，除了身体健康之外，还有心理健康、道德健康和社会适应。我们认识体育的本质时，要树立身心统一的观念，身体健康有自身的标准，心理健康也有自身的标准，二者的标准明显不同。一个人身体健康，说明他具备了健康的基础，但不能说他就是一个健康的整体，因为不确定其心理、道德是否健康，社会适应是否良好。总体看来，体质以身体健康为主，是健康的基础组成部分。没有良好的体质作基础，也就没有身体健康这一基础，心理健康、道德健康和社会适应也就无从谈起，更谈不上整体的健康。

体质与健康相互影响，关系密切。体质对健康的影响是多方面的。首先，一个人的体质状况直接影响到他的身体抵抗力和恢复能力，从而影响其患病风险和康复速度。例如，良好的心肺功能和肌肉力量可以增强个体的运动能力和耐力，减少因疲劳和压力导致的疾病。其次，体质与慢性病的发生率密切相关。肥胖、高血压、高血糖等慢性病的发生与个体的体质特征有着密切的联系。通过改善饮食习惯和增加运动量，可以降低这些慢性病的发生风险。健康对体质也有重要影响。保持健康的生活方式对改善体质至关重要。合理的饮食、适量的运动、良好的作息时间和心理状态等都有助于提高身体素质和生理机能。通过维持良好的生活习惯，我们可以增强体质，提高抵抗力和适应能力。

对于体育与健康的关系，我们要辩证看待。既要看到二者之间的密切关联，又要看到二者的主要区别。随着群众体育的兴起与流行，体育运动与生活质量的关系也得到了越来越多人的关注。我们研究体质，主要是为了解决增强人民体质的问题，努力促进人民群众健康水平的提高，使人人都能以健康的、有活力的状态投入工作、学习和生活中。可见，体质与健康都非常重要。随着科技的进步与社会的发展，体质与健康的作用不仅不会弱化，反而会越来越重要。

对体育的目的加以确定时，一方面要看到体育增强体质的本质，另一方面要关注人们的整体健康。要从整体健康观和身心协调与内在统一的体育观来全面认识体育的目的。这样一来，我们就能摆脱体育实践中枯燥的身体练习，挖掘与释放体育的美学价值、娱乐价值，让人们以快乐的心情参与体育活动，体验其中的乐趣与美感，感受从外向内的放松。这样也能鼓励人们增强运动意识，自觉树立终身体育的理念，长期坚持体育锻炼，进而促进身心和谐发展，促进生活质量的提高和幸福感的增多。

二、从体育价值取向认识体育的目的

体育价值取向是指体育价值主体在把体育作为一种社会客体的情况下，根据自身生存和发展的体育需要对体育客体进行价值设定、价值预期时所表现出来的意向或倾向。[①]体育的目的是思维活动的产物，是从观念形态上理解的。人们理解体育的目的时，会伴随一个思维运作过程，就是着眼于自己的需要和利益去看待这个问题，并做出一定的取舍，人们的不同价值追求便能够从中体现出来。所以，对体育的目的进行研究，就不可避免要与价值取向联系起来。一定程度上而言，体育活动的目的受不同价值取向的影响，或者说由不同的价值取向规范着。对体育目的与体育价值的关系进行讨论，有利于我们更好地建构体育目的。

---

① 吴宏江.体育与健身[M].长春：吉林人民出版社，2021：56.

第二章　体育的目的与任务

体育价值既包括个体价值，也包括社会价值。体育与个人之间的关系主要表现在体育的个体价值中。体育的个体价值充分反映了个体内在力量的丰富性，这体现在两个方面。

第一，体育的个体价值反映出个人的身心素质是协调发展的，认知能力和实践能力是和谐发展的。

第二，体育的个体价值反映出体育满足了个体抒发情感和升华情感的需求，也就是反映了体育的情感价值。这方面的价值能够使人们疲劳的内心得到慰藉，良好的品格得到培养，自由的个性得到发挥。这是体育超越当下、指向未来的一种价值。

体育与社会整体的关系则主要体现在体育的社会价值中，它不仅反映了社会体育需求的满足，还反映了体育发展的基本社会关系，表现如下。

第一，体育同其所处时代的社会政治、社会经济、社会文化相互关联，构成体育发展的社会条件。

第二，体育内部诸要素之间相互联系，体育与人的发展密不可分，体育发展的内部条件与关系由此构成，并对外部条件与关系具有决定性影响。

鉴于体育具有个体价值与社会价值，我们要遵循体育的内在发展规律和社会发展规律，通过发展体育既要使个体发展的需要得到满足，又要使社会发展的需要得到满足，更好地通过体育手段服务社会，并使体育与社会政治环境、文化环境、经济环境高度适应。

在不同的境遇下，体育所体现的价值是有侧重的。作为身体活动的体育，其主要满足的是个体需要，所以主要体现的是个体价值；作为社会现象的体育，其主要满足的是社会需要，所以主要体现的是社会价值。体育的个体价值与社会价值之间关系密切，体育的本体价值（最基本的价值）是个体价值，它是社会价值的基础，社会价值又是个体价值的社会表现。

随着体育的不断发展，我们对体育的目的予以确立时，要整合体育的个体与社会价值，对人本位的个体价值取向要充分尊重，对社会本位的社会价值取向要合理采纳，如此才能根据个人和社会的需要确立体育目的，才能更好地立足人类需要来发展体育事业。

第二节 体育目的与任务的确定

一、确定体育目的与任务的意义

在当今社会，体育已经成为人们日常生活中不可或缺的一部分。它不仅有助于提高个人的身体素质，增强抵抗力，还能培养团队合作精神，促进社会和谐。因此，明确体育的目的与任务对于个人和社会的发展具有重要意义。

（一）个人层面的意义

从个人发展的角度来看，体育目的与任务的明确有助于引导人们积极参与体育锻炼。在我国，体育目的主要包括提高国民体质、培养体育人才和丰富群众文化生活。通过明确这些目的，可以有针对性地开展体育活动，提高人们的锻炼热情，从而使更多的人参与体育事业。此外，明确体育目的还能帮助人们树立正确的体育观念，培养体育兴趣，形成良好的锻炼习惯，从而在个人层面实现身心健康和全面发展。

（二）社会层面的意义

从社会发展的角度来看，明确体育任务有助于推动体育事业的全面发展。体育任务包括普及体育运动、提高运动水平、保障群众体育权益等。只有完成这些任务，体育事业才能为国家和人民作出更大贡献。此外，明确体育任务还有助于各级政府和体育部门制定相关政策，合理配置体育资源，为体育事业提供有力保障。在这个过程中，体育目的与任务的明确有助于提高社会对体育事业的关注度和支持度，形成全社会共同推动体育事业发展的良好氛围。

第二章 体育的目的与任务

总体而言，确定体育目的与任务对于个人和社会的发展具有重要意义。只有明确体育目的与任务，才能更好地发挥体育在个人、社会和国家发展中的重要作用，推动体育事业的发展。

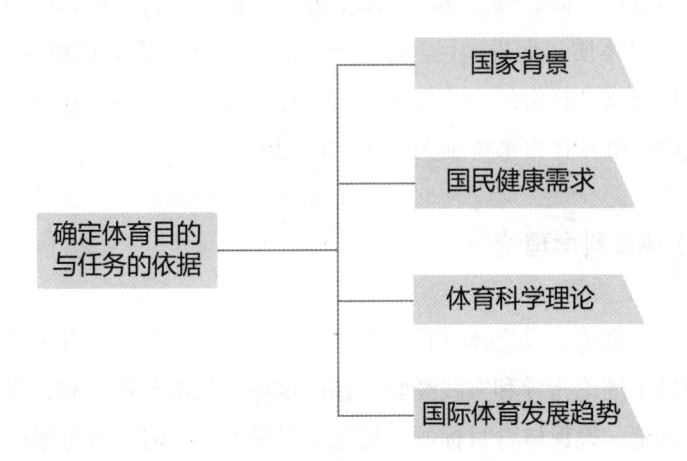

二、确定体育目的与任务的依据

体育目的与任务的明确，有助于各国更好地推动体育事业的发展，提高国民的身体素质，培养优秀的体育人才，以及提升国家的体育实力。因此，有必要深入探讨确定体育目的与任务的依据，以便更好地指导实践。具体而言，体育目的与任务的确定要参考以下几个方面的依据（图2-1）。

图2-1 确定体育目的与任务的依据

（一）国家背景

不同国家的政治、经济、文化存在一定差异。在此基础上，确定体育目的与任务要充分考虑国家的实际情况，制定符合国家发展战略的体育目标，确保各地区、各群体都能享受到体育带来的福祉。

随着各国对体育事业的不断重视，政府制定了一系列政策和法律法规来指导和推动体育工作的开展，明确规定了发展体育事业的基本任务、目标和要求，为体育目的与任务的确定提供了法律依据。

各国的体育资源和体育设施也是确定体育目的与任务的重要条件。体育资源和体育设施的分布、配置和使用效益直接关系到体育事业的发展。在确定体育目的与任务时，要充分考虑体育资源和体育设施的现状，优化资源配置，提高设施利用效率，为体育目标的实现提供有力保障。

（二）国民健康需求

世界各国人民都有强烈的健康需求，健康是全人类共同追求的目标。但各国人民群众的体质水平是存在差异的，而且都有一些比较普遍的健康问题，如身体素质下降、慢性病发病率上升等。因此，体育的目的与任务应立足于提高国民体质，促进国民身心健康，满足人民群众对健康生活的需求。为此，各国政府和社会组织应加大对公共体育设施的投入和建设，提高全民健身普及率，推动体育锻炼成为全民生活习惯。

（三）体育科学理论

体育科学理论是确定体育目的与任务的基石。体育科学理论的发展为体育实践提供了理论指导和实践经验。在确定体育目的与任务时，要充分运用体育科学理论，确保体育目标的合理性和科学性。同时，要不断推动体育科学理论的发展，为体育实践提供更多的理论支持。

（四）国际体育发展趋势

国际体育发展趋势也是各国确定体育目的与任务的重要依据。在全球化背景下，国际体育竞争日益激烈。国际体育发展趋势和挑战对各国体育目的与任务的确定具有重要的参考价值。世界体育强国、体育大国积极参与国际体育事务，争取更多的国际地位和话语权。在确定体育目的与任务时，要充分研究国际体育发展趋势，有针对性地制定体育发展战略，提升本国在国际体育舞台上的竞争力。

总之，确定体育目的与任务要综合考虑国内外背景、体育发展趋势、体育科学理论和人民健康需要等多个方面的因素。只有这样才能制定出符合国家实际情况、满足人民健康需要的、科学合理的体育目的与任务，以及相应的体育发展战略。

第三节 当前我国体育的目的、任务及实现途径

一、我国体育的目的

体育的目的是作为体育全局的一种指导思想，它是整个体育工作概括性、总体性的要求。根据社会需要和个人需要，结合我国现阶段的国情，确定我国体育的目的为：增强人民体质，丰富社会文化生活，促进人的全面发展，为社会主义建设服务。[①] 这一目的与我国社会主义建设的目的相一致，符合当前我国社会发展需要。

（一）增强人民体质

体育增强人民体质的目的在我国有着悠久的历史和深厚的文化底蕴。自古以来，中华民族就有"民以食为天，食以健为美"的观念，强调体育锻炼对于人民健康的重要性。中华人民共和国成立后，我国政府高度重视体育事业，将体育作为国家战略，明确提出"发展体育运动，增强人民体质"的目标。如今，体育已经成为全民参与的日常生活活动，增强人民体质是我国体

---

① 谭华.体育本质论[M].成都：四川科学技术出版社，2008：69.

育事业的核心目标之一。在这个目标的背后，是我国政府对全民健康的高度重视，以及全社会对体育锻炼的认可和积极参与。

增强人民体质是实现全面建设社会主义现代化国家的重要保障。一个国家的发展离不开人民的支持和参与，而健康的身体是人们投入生产和创新的基础。在我国体育事业的发展过程中，我们要始终坚持人民至上，以人民为中心，关注人民身体健康，为人民群众提供更多更好的体育健身设施和条件。

增强人民体质也是实现全民健康的重要途径。体育锻炼有助于预防多种疾病，提高免疫力，降低医疗负担。增强人民体质更是提高全民抵抗力、抵御病毒入侵的关键。因此，推广全民健身，普及体育锻炼，有利于构建健康中国，实现人民群众对美好生活的向往。

增强人民体质有助于提升国家综合实力。体育强国不仅是竞技体育的成绩，也体现在全民身体素质的提高方面。我国在体育领域的发展，需要全民体育素质的提升作为支撑。通过普及体育运动，提高全民体质，我们可以为国家培养更多优秀的人才，为国家的科技创新、经济发展和社会进步贡献力量。

总之，增强人民体质是我国体育的主要目标之一，这也符合体育的本质属性。人民健康是国家发展、人民幸福的重要保障。我们要紧紧围绕这一目标大力发展体育事业。

（二）丰富社会文化生活

丰富社会文化生活是我国体育的主要目的之一，这一目的充分反映了体育自身的娱乐功能。随着我国经济的发展与社会的进步，人民群众的物质生活需求逐渐得到满足，精神需求不断增加，具有娱乐功能的体育成为满足人们精神生活需求的主要手段。因此将丰富社会文化生活作为我国体育的目的之一是有社会依据的。

近年来，我国政府高度重视社会文化生活的丰富化，在这个目标的指引下，我国为广大人民群众提供丰富多样的体育文化活动。体育作为丰富社会文化生活的重要载体，能够使广大群众在身心愉悦的氛围中享受健康生活。

第二章　体育的目的与任务

我国通过举办各类体育赛事、健身活动，鼓励大众积极参与体育锻炼，让人民群众在丰富多样的体育文化中收获健康、快乐的生活。

丰富人民群众的社会文化生活可以促进全民素质的提升、构建和谐社会。体育活动不仅有助于提高身体素质，还可以培养人们的道德品质、团队精神和拼搏精神。人们通过参与体育活动，能够在享受运动乐趣的同时提升自身综合素质。而且，体育作为一种跨越地域、民族、年龄、性别界限的活动，具有强烈的社会凝聚力。举办各类体育赛事，激发人们的爱国情怀，增强民族自豪感，促进社会各阶层之间的交流与互动，有助于营造和谐稳定的社会环境。

我国将丰富社会文化生活确定为体育的目的，具有科学的社会依据，并能够全面提高人民群众的生活质量，提升全民素质，构建和谐社会。

（三）促进人的全面发展

促进人的全面发展也是我国体育的主要目的之一。虽然在社会主义初级阶段很难实现每个人的全面发展的目的，但将人的解放、全面发展作为社会主义各项事业发展的主要目的是值得肯定的。体育作为社会主义文化现象，也理应将人的全面发展作为追求的一个主要目标。

事实上，体育作为人类文明的重要组成部分，自古以来就肩负着推动人类全面发展的重任，具体从以下几方面来促进人的全面发展。

首先，通过体育促进人的生理发展。体育活动可以锻炼人的筋骨，增强心肺功能，提高新陈代谢水平，使人们在繁重的工作和学习中保持健康的身体。长期坚持体育锻炼，能够预防多种疾病，延缓衰老，提高生活质量。

其次，通过体育促进人的心理发展。体育活动具有很强的娱乐性和竞技性，能够激发人的斗志和拼搏精神。在体育比赛中，人们学会面对挫折、克服困难，培养出坚定的意志力和自信心。同时，体育团队合作项目如篮球、足球等，使人们在相互配合中增进友谊，培养团队意识和集体荣誉感。体育还能帮助人们缓解压力，保持良好的心态，以更加积极的态度面对生活和工作。

最后，通过体育促进人的社会发展。体育作为一种社会文化活动，具有广泛的社会影响力。举办社会体育活动，为人们提供实践的机会，促进人们社会生存与适应能力的提升。

（四）为社会主义建设服务

社会主义建设包含多个方面的内容，如政治建设、经济建设、文化建设、思想建设等。为这些方面的建设提供服务是体育目的的体现。我国体育始终紧密围绕国家战略，致力于提高国民素质、促进国家经济发展和社会进步。体育不仅是一种生活方式，更是一种价值观的体现，它能够彰显民族精神、提升国家形象，对全面建设社会主义现代化国家具有举足轻重的作用。要实现为社会主义建设服务的体育目的，就要在体育事业发展中做到以下几点。

第一，致力于提高国民身体素质和意志品质。大众健康的国民形象是国家发展的重要基石。通过开展各类体育活动，增强国民体质，降低疾病发生率，并培养国民意志品质，使其学会面对挫折、克服困难，培养出坚韧不拔、奋发向前的品格，从而提高劳动力综合素质，为国家经济发展提供源源不断的人力资源。

第二，致力于丰富社会文化生活。体育活动丰富多样，既包括传统体育项目，也包括现代体育项目，为人们提供休闲娱乐、交流互动的平台。这有助于增进社会和谐，凝聚民族精神，传承优秀传统文化，为社会主义现代化国家建设提供精神支柱。

第三，致力于塑造文明和谐社会，推动社会主义文化繁荣。体育作为一项广泛的社会文化活动，具有丰富的精神内涵和文明价值。体育事业在为社会主义建设服务的过程中，积极推动文明体育活动的开展，引导广大人民群众树立文明健身、健康生活的观念，促进社会公德、职业道德和家庭美德的培育。此外，体育文化作为社会主义文化的重要组成部分，丰富了人民群众的精神文化生活，推动了文化事业的繁荣发展。

第四，致力于提升国家国际地位。通过国际体育交流增进国际友谊，拓宽国际合作渠道，为我国社会主义建设创造有利的外部环境。鼓励我国体育健儿在国际体育竞技舞台上为国家赢得荣誉，提升国家形象。

二、我国体育的任务

体育的任务是体育目的的具体化，体育任务的范围是由体育目的规定的，完成任务才能圆满实现目的。为了实现体育的目的，必须完成以下一系列具体的任务。

（一）增强体质、促进健康

增强体质、促进健康是体育的根本功能，也是我国体育的基本任务。增强人民群众的体质和健康，具体从以下三个方面体现。

1. 促进体格健壮

长期坚持体育锻炼，能够使人体的肌肉组织逐渐发达，提高肌肉力量和耐力，从而提高人体的运动能力。肌肉力量的提高还有助于预防骨折等老年性疾病。体育中的有氧运动，如跑步、游泳等，可以增加心肺系统的耐受力，提高心肺功能，使心脏更强壮，降低患心血管疾病的风险。体育，特别是户外运动，如跑步、跳跃等，还有助于促进人体对钙质的吸收，增加骨骼密度和增强骨骼强度，预防骨折和骨质疏松。另外，体育运动也可以增强人体免疫系统，提高抵抗力。

2. 全面发展体能

体育能够促进体能的全面发展，具体表现为改善人的体态、促进身体机能的全面发展以及身体素质的增强。

体育可以改善、纠正不良体态，提高身体健康水平，从而降低因不良体态引发的疾病风险。规律的体育锻炼也能够提高新陈代谢速率，消耗多余热量，达到控制体重、保持良好体形体态的目的。

体育能够促进个体身体机能水平的提高，具体表现为体育有助于提高心肺功能，增强心肺系统的耐力，提高人体在长时间工作的适应能力；体育有助于提高神经系统协调能力，改善神经系统的调节功能，提高个体在运动中的协调性和准确性；体育可以增强人体免疫系统，提高抵抗力，降低患病风险等等。

在提高身体素质方面，体育能够促进人体力量、速度、耐力、柔韧、灵敏、平衡、协调等各项身体素质的全面、协调发展，从而提高人的身体活动能力和运动能力。

3.提高适应能力

适应能力是人类在面对不断变化的环境和挑战时，所展现出的应对能力和调整反应。在现代社会，人们面临的生活和工作压力越来越大，对适应能力的要求也相应提高。而体育作为一种全面锻炼身体、提升综合素质的途径，在提高适应能力方面有显著的作用。

首先，体育能增强身体素质，而身体健康是良好适应能力的基础，只有拥有良好的身体素质，才能在面对各种挑战时保持清晰的思维和积极的态度。体育锻炼还能促进骨骼和肌肉的发育，增强抗压能力，为适应各种环境提供有力保障。

其次，体育能培养人的意志力和毅力。这种品质不仅体现在体育领域，在面对生活和工作中的困难时，同样能发挥巨大作用。只有具备坚定的意志和毅力，才能迎难而上，勇往直前，在逆境中逆袭。

再次，体育能提升团队协作能力。在许多体育项目中，团队合作至关重要。一个优秀的团队，能将每个成员的力量最大化，共同应对挑战。通过参与团队体育活动，人们能学会倾听、沟通、协调和信任，提高团队协作能力。而在现实生活中，团队协作能力同样是衡量一个人适应能力的重要指标。

最后，体育能拓宽人际交往渠道。在体育活动中，人们能结识志同道合的朋友，拓展人脉资源。广泛的人际交往有助于人们更好地了解社会、认识世界，提高自己的社会适应能力。

（二）掌握体育知识、技能

在体育的发展历史中，人类创造了体育知识、技能，这是社会精神财富的重要组成部分，人类有责任和义务普及这些精神财富。学校教育承担着创造人类文化财富、传播人类文化财富的重要使命，因此应通过体育教育传递体育知识与技能，使一代又一代人掌握这些特殊形态的文化财富。

在现代社会，体育教育的重要性日益凸显，它已成为培养全面发展的人才不可或缺的一部分。体育教育的使命是传授知识与技能。体育教育不仅有助于提高学生的身体素质，增强抵抗力，更在培养团队合作精神、塑造良好心理素质方面发挥着至关重要的作用。在这个过程中，传授体育知识与技能被视为体育教育的主要任务。

体育理论知识是学生认识体育、参与体育活动的基础。通过学习体育理论，学生可以了解体育锻炼的意义、体育项目的技巧和规则，以及运动生理、运动心理学等方面的知识。理论知识的学习有助于学生树立正确的体育观念，提高体育素养。

体育技能训练是体育教育的重要组成部分。通过长时间的练习，学生可以掌握各种运动项目的技能，提高运动水平。技能训练不仅有助于学生在体育课上和业余时间积极参与体育锻炼，还能为选拔体育人才，培养体育特长生奠定基础。

（三）提高运动技术水平

在当今世界，体育运动已经成为衡量一个国家综合实力的重要标志之一。我国作为一个体育大国，不断提升运动技术水平不仅是实现体育强国梦的关键，更是推动国家发展、提高人民生活质量的重要途径。体育运动技术水平的提升，有助于提高国家在国际竞技舞台上的地位和声誉。在奥运会、亚运会等国际大赛上取得优异成绩，不仅可以激发国民的爱国情怀，还可以增强国家的凝聚力和向心力。同时，高水平体育运动技术也是国家科技实力、经济实力和文化软实力的体现。体育运动技术水平的提升还有助于传承和弘扬体育精神，展现我国积极向上的精神风貌，推动社会文明进步。

我国为提升体育运动技术水平，高度重视竞技体育的发展，坚持以人为本，关注运动员的身心健康和成长需求，不断提升教练员的业务水平和综合素质，而且针对我国优势项目和潜力项目，加大投入和政策支持，打造国际一流的运动队伍。此外，我国还不断完善竞赛体系，提高赛事质量和水平。经过长期的努力，我国在国际体育赛场上获得了优异的成绩，奠定了在竞技体育领域的地位。未来，我国仍要继续努力，将提升运动技术水平作为主要任务和使命，高度重视竞技体育和群众体育中运动技术水平的全面提升。

（四）进行思想品德教育

体育能够培养人们的意志品质，塑造良好的思想道德风貌。在体育活动中进行思想品德教育尤为重要。

首先，要在体育活动中培养人们的团队精神和集体荣誉感。在体育比赛中，鼓励队员们相互信任、团结协作，取得最佳的比赛成绩。这种团队精神在日常工作和生活中同样具有积极的意义，有助于增强人际交往，促进社会和谐。通过体育活动，人们能够学会尊重对手、公平竞争，以及如何面对胜利和失败。这些品质对于个人成长和社会进步都具有重要的价值。

其次，要在体育活动中培养人们的自律意识和责任感，要求参与体育运动的人严格遵守纪律，克服困难，持之以恒。这种自律精神和责任感对于个人的全面发展和承担社会责任也具有积极作用。体育活动能够让人们学会如何在规则约束下发挥自己的潜能，为实现个人和国家的共同目标而努力。

最后，要在体育活动中塑造人们的意志品质和拼搏精神。在体育运动中，人们需要面对极大的心理和生理压力，只有具备坚定的意志和拼搏精神，才能在激烈的竞争中脱颖而出。这种意志品质和拼搏精神，对于人们在工作和生活中克服困难、实现目标具有重要的推动作用。体育活动让人们学会如何在逆境中坚定信念，勇往直前。

学校体育教育也要将培养学生的思想品德作为主要任务，塑造学生健全的人格和良好的思想品德，引导学生树立正确的价值观，培养他们自律、团结、拼搏、尊重规则的精神风貌。

总之，在体育活动中进行思想品德教育具有多重意义。我国体育事业要将加强思想品德教育作为一项至关重要的任务。各级政府和体育部门对此应当高度重视，采取有效措施，推动体育与思想品德教育的融合发展，为培养人才的全面发展贡献力量。同时，广大体育工作者和运动员也要时刻保持良好的思想品德，树立良好的社会形象，为社会主义精神文明建设作出贡献。

体育的上述任务是密切关联的统一整体。体育部门在不同时期完成上述任务时根据具体目的要求而有所侧重。我国体育的目的与任务，如图2-2所示。

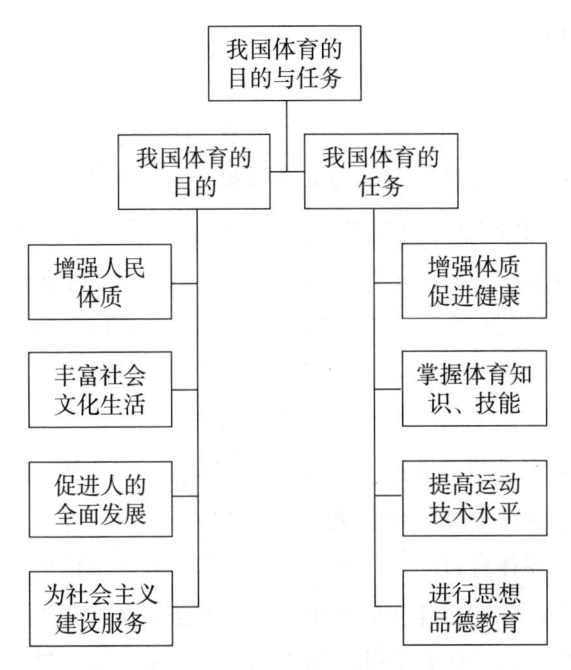

图2-2　我国体育的目的与任务

三、实现我国体育目的与完成我国体育任务的途径

实现体育目的要完成一系列的体育任务，这就决定了我国体育工作的多样性和复杂性，相应地，实现目的与完成任务的途径也是多样的，如图2-3所示。

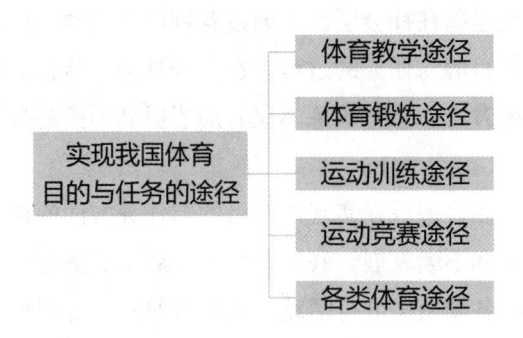

图2-3　实现我国体育目的与任务的途径

（一）体育教学途径

体育教学，作为我国教育体系中的重要组成部分，承载着培养学生全面发展的重任。它不仅关乎学生的身体健康和运动技能的提升，而且在培养学生的心理素质、团队协作能力和社会适应能力方面也发挥着不可替代的作用。为了更好地实现我国的体育目的与任务，我们必须重视体育教学。

在快节奏的现代社会中，拥有健康的身体是一切活动的基础。通过体育教学，学生可以掌握正确的运动姿势和技巧，提高身体素质，增强免疫力，从而更好地应对生活中的各种挑战。我国体育教学的目的是培养德智体美劳全面发展的社会主义建设者和接班人。这意味着，体育教学不仅要关注学生的身体健康，还要注重其心理健康和社会适应能力的培养。

为更好地实现体育目的与任务，需要在体育教学中根据学生的年龄、性别和兴趣等特点，设计多样化的教学内容和方法，激发学生的学习热情和参与度。同时也要加强对体育教师的培训和引进，提高体育教师的专业素养和教育教学能力。此外，为了营造良好的运动氛围，学校要根据实际情况举办各种体育活动、讲座和展览等，激发学生的参与热情，培养他们的体育兴趣和爱好，促进其身心健康。学校也可以与周边的体育场馆、社区和其他组织合作，共同开展各种形式的体育活动和比赛，为学生提供更多的实践机会和更广阔的发展空间。

（二）体育锻炼途径

体育锻炼主要是指在社会层面，通过各种体育活动、体育课程、体育竞赛等形式实现体育目的与任务的过程。在当今社会，体育锻炼已成为人们追求健康生活的重要方式。体育锻炼不仅有助于提高国民的身体素质，还能促进社会和谐发展。

为了充分发挥体育锻炼在实现体育目的与任务方面的重要作用，促进体育锻炼的正常开展和不断发展，我国要广泛开展全民健身活动，倡导全民参与体育锻炼，举办各类全民健身活动，营造浓厚的体育锻炼氛围，提高全民身体素质。政府应不断完善体育法律法规体系，加强体育法律法规的宣传和培训，提高公民的体育法律意识，确保体育锻炼活动合法、有序地开展，保障大众体育锻炼的顺利进行。除了加强法律支持外，还要加强体育基础设施建设，政府应加大投入力度，改善公共体育设施条件，提高体育场馆的开放程度，为大众参与体育锻炼提供硬件支持，方便群众参与体育锻炼。而且，为满足群众的多样化需求，要充分发挥体育社团的作用，不断开展丰富多彩的体育活动，同时也要培养一批优秀的社会体育指导员队伍，为不同人群的锻炼提供相应的指导。

（三）运动训练途径

运动训练主要是指竞技体育领域的专门训练，这是完成提高运动技术水平这一体育任务的重要途径。运动训练是一项高度专业化的活动，旨在提高运动员的竞技能力和比赛能力，从而在赛场上取得好成绩。

运动训练在长期的发展过程中形成了自身的理念体系，为运动训练实践发挥了重要的指导作用。这些理念主要包括：

第一，坚持以人为本。运动训练的核心是以运动员为中心，关注运动员的身心健康和全面发展，使其在竞技场上充分发挥潜能，实现个人价值。

第二，全面提高综合素质。在强化体能、技能和战术训练的同时，注重文化教育、心理素质和道德品质的培养，使运动员成为全面发展的人才。

第三，追求卓越成绩。树立国际一流水准的奋斗目标，勇攀竞技高峰，为国家赢得荣誉。

为保证运动训练的科学化与规范化，除了要树立科学的训练理念，还要依据运动项目特点，制订个性化的训练计划，针对不同运动员的身体条件、年龄阶段，不断调整与完善训练计划，确保训练效果最大化。不仅如此，随着现代科技的不断发展及其在竞技体育领域的广泛应用，在运动训练中还要善于运用现代科技手段来提高训练质量，如充分利用大数据、云计算、生物科技等先进技术，为训练提供精准、实时的数据支持，优化训练方法。此外，选拔和培养一批具有世界水平的教练员，提高教练员队伍的专业素养和教育教学能力，为我国运动训练的发展提供人才保障。

在运动训练中要充分提高运动员的竞技水平，就要科学安排运动训练的内容，合理选用运动训练的方法。训练内容与方法的科学性、针对性和系统性至关重要。在训练内容方面，要构建包括以下内容的训练体系。

第一，体能训练。它旨在提高运动员的体能素质，包括力量、速度、耐力、柔韧性和协调性。通过系统的体能训练，可以为运动员提供良好的生理基础。

第二，技能训练。这是体育运动训练的核心内容之一，主要包括基本技能、进阶技能和专项技能。基本技能是运动员掌握运动项目的基础，进阶技能是在基本技能基础上提高运动员水平的手段，专项技能则是针对特定比赛项目的要求进行训练。

第三，战术训练。这是提高运动员比赛智慧的关键，主要包括进攻战术、防守战术、团队配合和比赛阅读等方面。通过战术训练，使运动员能在比赛中充分发挥个人优势，提高团队整体战斗力。

第四，心理训练，这是培养运动员心理素质的重要环节，主要包括心理素质、情绪调节、意志力和心理适应等方面。心理训练有助于提高运动员在比赛中的心理稳定性，增强应对压力的能力。

第五，恢复训练，这一训练是为了消除训练和比赛带来的疲劳，提高运动员的身体机能。恢复训练方法包括物理疗法、按摩、拉伸和心理调适等。

除了训练内容要满足全面性、科学性的条件外，训练方法也要多元化，将个性化训练、周期性训练、重复训练、对抗性训练、游戏训练、以赛代练、信息化训练等多种方法结合起来，满足运动员的需求，以实现最佳训练效果。同时，在实施这些训练方法时要避免过度训练带来的损伤，保障运动员的安全与健康。

（四）运动竞赛途径

运动竞赛是以争取优胜为直接目的，以运动项目为内容，根据规则的要求进行个人或集体的体力、技艺、心理的相互竞赛的过程。运动竞赛既是一种特殊的训练手段，又是检查和督促运动训练的一个途径。同时，适当形式的运动竞赛，也是促进体育教学、体育锻炼，检查其效果的手段。运动竞赛与运动训练是紧密联系在一起的，训练的直接目的就是为参加竞赛，没有竞赛作引导的训练是缺乏动力的，没有经过系统训练的运动员，即使参加比赛，其成绩也不会理想。

（五）各类体育途径

根据参加体育活动的对象，可以把体育工作分为青少年体育、中老年体育、高水平竞技体育、大众体育等。如果能做好这些体育工作，对实现体育的目的和任务大有裨益。

儿童和青少年是国家的未来，他们的体育发展至关重要。学校体育教育是培养青少年体育兴趣、提高其身体素质的重要途径。因此，我们需要加强学校体育教育改革，完善体育课程设置，增加体育课时，培养孩子们的体育爱好和运动技能。此外，家庭和社会也要共同关注儿童青少年的体育发展，鼓励他们参加各类体育活动，培养良好的运动习惯。

中老年体育发展同样重要。在工作之余，中年人需要通过锻炼来保持身体健康，缓解工作压力。企业和社会团体应设立健身房等体育设施，鼓励员工参加体育锻炼。同时，举办各类体育赛事，提高中年人参与体育的积极性。此外，我们还应关注特殊人群的体育需求，如残疾人、老年人等，为他们提供适宜的锻炼方式和场地。

我国在竞技体育领域取得了举世瞩目的成绩，但与世界先进水平仍有一定差距。要提高我国竞技体育水平，我们需要加大体育人才培养力度，优化运动员选拔和培训体系。同时，提高体育教练员的待遇和职业素养，吸引更多优秀人才投身竞技体育。此外，加强与国际体育组织的交流合作，借鉴先进国家的发展经验，提高我国在国际体育舞台上的地位。

为促进大众体育的发展，需要大力构建全民健身体系。政府应加大投入，完善公共体育设施建设，让群众享受到便捷的体育服务。同时，推广科学健身知识，提高群众的健身意识和素养。此外，发挥社会组织的作用，举办丰富多样的体育活动，满足群众多样化的体育需求。

除以上体育类型外，还有农民体育、职工体育、部队体育等类型，这些也是我国为完成体育目的和任务必须着重开展的重点体育工作。只有协同开展各项体育工作，加强全面管理，才能提高体育目的的达成效率和体育任务的完成质量。

第三章 体育的内容与实施路径

随着社会的不断进步、体育实践的不断积累以及人们认识水平的不断提高，体育的内容、形式、方法、途径也逐步丰富和完善，不同地区、不同民族的体育内容、形式、方法等相互吸收，互为补充，使体育的内容与方法体系越来越健全和完善，各式各样的体育内容与方法也更具系统性、科学性和先进性。随着人们对体育需求的不断增长和体育现代化进程的加快，体育内容和方法将进一步丰富和发展，体育的实施路径也会随之不断扩展和成熟，从而更好地为实现体育的目的与任务服务。本章主要对体育的内容与实施路径进行研究，内容主要包括体育的内容、方法、手段以及实施路径。

第一节 体育内容

现代体育目标繁多，规模宏大，结构复杂，已经形成一个庞大复杂的动态系统，范围的广泛性、内容的丰富性、形式的多样性都达到了空前的程度。因此，必须分层次、分类别对其进行分析。

一、体育内容的第一层次分类：体育的基本途径

体育的基本途径也就是实现体育目的与任务的基本途径，主要包括体育锻炼、体育教学、运动训练和运动竞赛四大途径。这四大途径已在本书第二章第三节"当前我国体育的目的与任务及实现途径"中进行分析，这里不再赘述。

二、体育内容的第二层次分类：从体育客体的角度

现代体育的内容丰富，任务繁多，对象各异。因此要从体育的客体，即体育的对象这个角度着手进行第二层次分类。

（一）按参加对象的年龄特征来划分

在当今社会，体育活动已经成为了人们生活中不可或缺的一部分。不同年龄段的人参与不同类型的体育活动，能够收获不同的益处。

1.儿童体育

对于儿童来说，体育活动是培养基础运动能力和兴趣的重要途径。通过参与各种运动游戏，孩子们可以锻炼身体的协调性和灵活性，提高身体素质。同时，这些游戏还可以激发孩子们的想象力和创造力，培养他们的自信心和团队合作精神。在游戏中，孩子们学会了合作与竞争，培养了良好的品质和精神。这些品质和精神将伴随他们成长，为未来的发展奠定坚实的基础。

2.青少年体育

青少年时期的体育活动逐渐呈现出竞技化和规范化的趋势。青少年们通过参与各种运动项目，如田径、篮球、足球等，不断提升自己的运动技能和身体素质。在这个阶段，他们不仅注重个人技能的提升，也开始注重团队协作和集体荣誉。通过参与体育竞赛，青少年们学会了遵守规则、尊重对手、

团队协作等重要的品质和精神。这些品质和精神对于他们未来的生活和事业发展都具有重要的意义。

3.青壮年体育

对于成年人来说，体育活动是保持身体健康和良好心理状态的重要方式。成年人通过参与慢跑、瑜伽、游泳等运动项目，可以缓解工作压力、舒缓情绪。这些运动项目不仅可以增强心肺功能、提高免疫力，还可以拓展人际关系、增强社交能力。在运动中，成年人结识志同道合的朋友，拓展社交网络，增强社交能力。此外，参与体育活动还可以成为一种休闲方式，让成年人放松身心、享受生活。

4.中老年体育

对于中老年人来说，体育活动是养生保健的重要手段。随着年龄的增长，中老年人更加注重身体健康和预防疾病。他们通过参与太极拳、气功、散步等运动项目来保持身体健康和精神状态。这些传统运动项目注重内外兼修、调理气血，有助于延缓衰老、增强免疫力。坚持参加体育活动可以让中老年人保持积极向上的生活态度和良好的心理状态，享受幸福的晚年生活。

根据参与者年龄划分的体育内容能够满足不同年龄段人群的需求。从儿童的基础运动能力培养到青少年的竞技与规范化发展，从成人的健康休闲到中老年的养生保健，体育活动以丰富多彩的形式陪伴着人们一生的成长，使人们在享受运动带来的乐趣与益处的同时，发挥个人潜能，提高生活水平和生活质量。

（二）按体育涉及的社会领域来划分

按体育涉及的社会领域，可以将体育划分为以下几种类型。

1.学校体育

学校体育是体育的重要组成部分，其在整个体育事业中占据着举足轻重的地位。学校体育不仅关乎学生的身心健康，而且关系到我国体育人才的培养和体育文化的传承。从这个角度来看，大力发展学校体育事业，既是国家体育发展战略的重要组成部分，也是推动我国体育事业全面发展的重要举措。

第三章　体育的内容与实施路径

学校体育对于学生的身心健康具有至关重要的作用。首先，学校体育有助于增强学生的身体素质，提高抵抗力，降低患病风险。通过参加各类体育活动，学生可以锻炼身体，增强体能，从而在学业压力下保持良好的身体状态。其次，学校体育有助于培养学生的团队协作精神和竞争意识。在体育比赛中，学生们学会尊重对手、团结协作，培养出积极向上的精神风貌。最后，学校体育还能帮助学生树立正确的价值观，使其在德智体美劳全面发展的基础上，更好地适应社会。

我国体育事业的发展离不开学校体育的支持。学校体育为优秀体育人才的培养提供了广阔的平台。在学校体育的基础上，选拔和培养具有潜力的体育人才，为我国体育事业输送新鲜血液。此外，学校体育还承担着发现和选拔体育后备人才的重要任务，为我国竞技体育水平的持续提升提供人才保障。

体育文化是我国优秀传统文化的重要组成部分，学校体育在传承体育文化方面发挥着关键作用。通过开展各类体育活动，学生可以了解和接触到丰富的体育文化，培养对体育的热爱和兴趣。同时，学校体育还弘扬了团结协作、拼搏进取的体育精神，传播了健康向上的生活理念。因此，大力发展学校体育，有助于传承和发扬我国体育文化。

学校体育在体育事业发展中具有不可替代的地位。为了推动我国体育事业的全面发展，必须大力发展学校体育。政府部门应加大对学校体育的投入，完善相关政策，鼓励学校开展各类体育活动。同时，学校要高度重视体育教育，提高体育课时，保证学生充足的运动时间。此外，家庭和社会也要共同关注学校体育，营造良好的体育氛围，激发学生的运动热情。

2.家庭体育

家庭体育是指在家庭环境中进行的各种体育活动和锻炼，旨在促进家庭成员的身心健康，增强家庭成员之间的亲情和互动。

家庭体育的核心是家庭成员的共同参与，这有助于增进家庭成员之间的感情，提高家庭凝聚力。通过共同进行体育锻炼，家庭成员可以在运动中互相鼓励、互相支持，培养团结协作的精神。此外，家庭体育也有助于培养孩子的团队意识，让他们学会在集体中生活、合作。

家庭体育项目应丰富多样，以满足不同年龄、性别和体质的家庭成员的需求。例如，瑜伽、健身操、跳绳、俯卧撑等简单易学的运动项目适合全家一起参与。此外，还可以结合户外活动和休闲运动，如徒步、骑自行车、游泳等，让家庭成员在锻炼身体的同时，享受大自然的美好。

家庭体育应该成为家庭成员日常生活的一部分，合理安排运动时间十分重要。每天至少保证30分钟的运动时间，不仅可以提高身体素质，还能有效缓解工作、学习压力。家庭体育应注意运动强度的科学合理性。过大的运动强度可能导致身体损伤，过小的运动强度则难以达到锻炼效果。在进行家庭体育时，可根据家庭成员的年龄、体质和运动项目来调整运动强度，以达到适度锻炼的目的。

家庭体育应注重运动与健康的结合，适时进行健康检查，了解家庭成员的身体健康状况。针对不同疾病和健康问题，为家庭成员制订合适的运动方案，以确保运动的安全性和有效性。同时，提倡健康饮食，引导家庭成员养成良好的生活习惯。

3.工矿、农村、机关等群众体育

群众体育是我国体育事业的重要组成部分，它涵盖了工矿、农村、机关等各个领域。在新时代背景下，大力发展群众体育，提高全民身体素质，对于实现全面建设社会主义现代化国家的目标具有重要意义。

工矿群众体育主要针对工厂和矿山等企业的员工开展。企业单位应充分利用生产间隙时间，组织丰富多彩的运动项目，如篮球、足球、乒乓球等，使员工在繁忙的工作之余，能够锻炼身体，缓解工作压力。此外，企业还应定期举办体育比赛，激发员工的团队精神和竞争意识。

农村群众体育以基层行政村为单位，结合农村实际，开展适合农民参与的体育活动。如广场舞、太极拳、传统民俗体育等项目。通过开展这些活动，不仅可以提高农民的身体素质，还可以丰富农村文化生活，促进乡村文明建设。此外，农村还可以利用自然资源，如河流、山地等，组织户外徒步、登山等运动，让农民在锻炼身体的同时，享受大自然的美好。

机关群众体育主要针对政府部门、事业单位等机关单位的员工。机关单位应积极组织职工开展体育锻炼，提倡健康的工作方式。可以定期举办趣味运动会、健身比赛等，鼓励员工参与。同时，机关单位还应加强体育锻炼设施的建设，为员工提供便利的健身场所和器材。

第三章 体育的内容与实施路径

发展群众体育,需要各个领域的共同努力。工矿、农村、机关、部队等群众体育,既要注重体育锻炼的普及,又要注重特色活动的开展,让更多人享受到体育带来的健康和快乐。在我国体育事业发展的道路上,群众体育必将发挥越来越重要的作用。

4.集训基地的体育

体育不仅是一种强身健体的运动方式,更是提升国民素质、培养国家人才的重要途径。为了更好地推动体育事业的发展,我国在各地设立了集训基地,为运动员提供专业的训练环境和设施,以培养更多优秀的体育人才。

集训基地在体育领域的地位举足轻重,这不仅是运动员们提高技能、增强体能的摇篮,还是举办各类体育赛事和活动的场所。集训基地配备了一流的体育设施和器材,汇集了一大批国内外知名教练,为运动员提供了良好的训练条件。集训基地还为运动员提供了舒适的居住环境和餐饮服务,确保他们在高强度的训练之余,能够得到充分的休息和营养补充。在我国政府的大力支持下,集训基地在培养体育人才方面取得了举世瞩目的成绩。近年来,我国运动员在国际赛事上屡创佳绩,如奥运会、亚运会等,这些荣誉的背后离不开集训基地的辛勤付出。在今后的工作中,我们应当继续加大对集训基地的投入和支持,充分发挥其在培养优秀运动员方面的优势,推动我国体育事业的繁荣发展。

(三)按体育的主要任务和内容特征来划分

按照体育的主要任务和内容特征,可以将体育划分为以下几种类型。

1.教育性体育

教育性体育是为某一专门的教育与训练任务服务的体育(如宇航员的专门体育训练、特种兵的军事体育训练等)。这类体育内容全面多样,能够促进人体的全面发展。

2.保健体育

保健体育是以健身和治疗某些疾病为目的的体育,特点为动作轻缓,形式灵活。

3.娱乐体育

娱乐体育富于趣味性，轻松愉快，它包括民间游戏、户外运动等。

4.竞技体育

竞技体育追求运动成绩和社会荣誉，形式和规则有严格规定，表现高度的竞技性和技术性。

5.商业性体育

商业性体育是兼属第三产业的体育，这一非物质生产部门的体育讲求派生性收入，能够提高社会经济效益。

三、体育内容的第三层次分类：身体练习的运动内容分类

身体练习是我们日常生活中不可或缺的一部分，它有助于提高我们的身体素质，增强抵抗力，预防疾病。根据不同的目的和特点，身体练习可以分为多种类型。下面将对这些分类进行介绍，以便大家能根据自己的需求选择合适的锻炼方式。

（一）有氧运动

有氧运动是指在运动过程中，人体摄入足够的氧气，使心肺功能得到锻炼的运动方式。这类运动强度较低，持续时间较长，如跑步、游泳、骑自行车等。有氧运动能有效提高心肺功能、增强体力，降低心血管疾病的风险。

（二）无氧运动

与有氧运动相对，无氧运动是指在缺氧状态下进行的运动。这类运动强度较高，持续时间较短，如举重、俯卧撑、跳绳等。无氧运动主要目的是增强肌肉力量、提高肌肉耐力，对塑造体型、减少脂肪具有重要意义。

（三）柔韧性运动

柔韧性运动是指通过拉伸、弯曲等动作来提高关节活动范围、增强肌肉韧带柔韧性的运动。这类运动如瑜伽、普拉提、中国传统武术等。柔韧性运动有助于预防运动损伤，缓解肌肉紧张，提高身体协调性。

（四）平衡性运动

平衡性运动是指通过锻炼身体平衡能力，提高身体稳定性的运动。这类运动如单腿站立、倒立等。平衡性运动有助于增强神经系统功能，提高身体协调性和反应速度。

（五）户外运动

户外运动是指在户外进行的运动，如徒步、登山、露营等。户外运动有助于锻炼人体的适应能力，提高心理素质，培养团队协作精神。

（六）休闲运动

休闲运动是指以娱乐、放松为目的的运动，如高尔夫、网球、羽毛球等。休闲运动有助于缓解生活压力，提高生活质量。

总之，身体练习的分类丰富多样，我们可以根据自己的兴趣、需求和身体状况选择合适的运动方式。坚持锻炼，养成良好的运动习惯，有助于身心健康。

第二节 体育方法

一、体育方法的概念

体育方法是运用体育运动和各种体育手段来锻炼身体、增强体质的方法。它是身体教育的方法，也是人的体质教育的方法，是运用运动动作以及全部体育手段去增强人的体质的方法。[①]

体育方法的目的性很明确，如果离开所指向的目标去单说方法，则是一个抽象概念。事实上，并不存在万能的方法，只有解决各种问题的具体方法。方法是由目的和条件决定的，为追求某一目的的方法，不可能原封不动地为其他目的所用。

二、体育方法与运动教学法

在自然体育中只讲究运动教学法，不讲究体育本身的锻炼方法，很多人因此受运动之害。自古以来就有人自觉地研究和应用体育方法。自然体育运动思想的代表人物夸美纽斯和自然主义的体育学家高系霍费尔，他们都是由于当时的科学水平所限而不得不信奉自然的，他们都知道体育有其自然规律和方法的存在，他们并不拿教学方法当体育方法。

科学体育方法应该是以增强体质为目标，把身体锻炼看作一个连续、完整的过程。体育方法与运动教学法有着本质的差别。运动教学法用于学会运动，而体育方法是用已学会的运动来锻炼身体，增强体质，所以说，运动教学法是体育的预备方法，体育方法是实际用运动炼身的方法。

体育方法和运动教学法既有区别又有联系。它们的区别在于起点和终点

[①] 华宝元，李铎，王海波.体育理论知识教程[M].成都：电子科技大学出版社，2017：112.

都不同，是两个不同的过程。运动教学法是在教师指导下从不会运动到学会运动的过程中使用的传授和接受知识技能的方法。体育方法是在学会这项运动之后，用它去锻炼身体追求增强体质实效的过程中所使用的方法。它们的联系是学以致用，用必先学，没有学就不能用，没有用就不必学，学是准备去用，用是学的后续。

过去所谓的体育教学方法其实就是运动教学法。运动教学法是体育专业教育计划中开设的一门专业课程。1954年前，大学体育系就开设了这门课程。20世纪30年代，苏联的运动教学法这门课程在20世纪50年代后发展成了《体育理论》。在其影响下，我国取消了原来的体育原理课和运动教学法课，按照苏联的模式开设了以运动教学一般原理和方法为主要内容的《体育理论》课，一直延续到20世纪90年代初。

近些年，俄罗斯、美国、日本等国家的一些体育工作者对"体育方法"的概念重新进行了研讨，认为不能把体育方法与运动教学法混为一谈，应该从"目的—方法—内容—方法"的连贯性来认识体育的方法。比如，日本的前川峰雄在日奥"现代体育方法学"研究会上报告说，日本战前学校的体育非常重视运动教学法的经验，以后逐渐发生了体育指导方法上的变化，由重视运动技艺转向了重视身体，由重视教学转变为重视锻炼。他说，以前所用的是传习式的教而后学的方法，要想前进一步，就必须从传习式的体育中解放出来，注意研究真正的体育方法——如何锻炼身体的方法。[①]

三、体育方法的核心——身体锻炼法

要成为体育的方法，有四个决定性因素，分别是发展人体的目标、体育对象的特点、体育运动、各种环境条件。体育的目标，是指对个人或集体以体育运动为手段去追求的发展身体的教育效果。个人或集体用体育运动和其他手段去实现体育的目标时，必须借助于所处的环境条件，包括气候、风土

---

① 王健，侯斌.体育原理导论[M].武汉：华中师范大学出版社，2002：78.

等自然现象和教育设施等。

体育方法所追求的基本上有两方面，即身体的养护和身体的锻炼。这两个方面是由体育的总目标——"发展人的身体、增强体质"这一体育本质属性决定的。养护和锻炼这两个方面在使用和安排上尽管有所不同，但体育方法必须包含这两个方面。

有学者指出，体育方法包含四种，如图3-1所示。

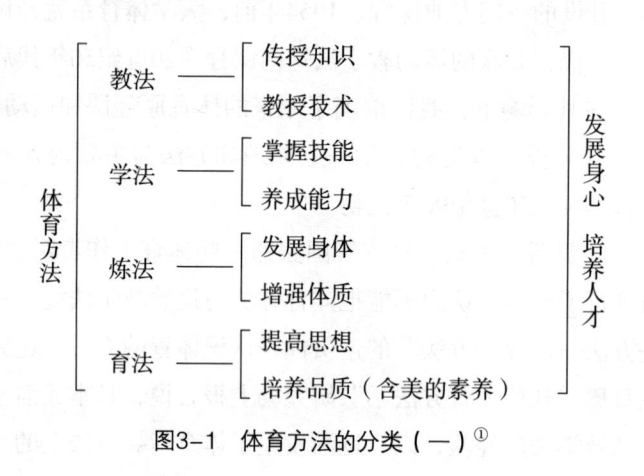

$$\text{体育方法}\begin{cases}\text{教法} \begin{cases}\text{传授知识}\\\text{教授技术}\end{cases}\\\text{学法}\begin{cases}\text{掌握技能}\\\text{养成能力}\end{cases}\\\text{炼法}\begin{cases}\text{发展身体}\\\text{增强体质}\end{cases}\\\text{育法}\begin{cases}\text{提高思想}\\\text{培养品质（含美的素养）}\end{cases}\end{cases}\begin{matrix}\text{发}\\\text{展}\\\text{身}\\\text{心}\\\\\text{培}\\\text{养}\\\text{人}\\\text{才}\end{matrix}$$

图3-1 体育方法的分类（一）[①]

提出上述分类方法的学者指出，我们长期以来只注重运动教学法，而忽视了身体锻炼法，但是他没有指明体育方法的核心是什么。身体锻炼整个过程有它自己独立的方法，这些方法的直接目标是增强体质，而不是传授和练习运动技艺。很多国家的体育方法体系都不完善，内容结构各有不同，但一致的做法是把锻炼身体的方法与运动教学的方法分开。身体锻炼方法区别于教学法而独立成为一个体系，而且成了体育方法体系中的主要内容，这是体育科学发展的必然结果，是我们对体育方法的分类，如图3-2所示。

[①] 杨文轩，陈琦.体育原理[M].北京：高等教育出版社，2004：39.

```
         ┌体育教学方法 ──┬运动教学方法
体育方法 │              └健身知识的教学方法
         │身体锻炼方法 ── 主体方法
         └思想品德教育及美育方法
```

图3-2 体育方法的分类（二）[1]

身体锻炼的主要方法有重复锻炼、间歇锻炼、连续锻炼、巡回锻炼、综合锻炼等常用方法。

（一）重复锻炼法

重复锻炼法是指在一定时间内，按照预定的动作要领，反复进行某一项运动的锻炼方法。这种方法能够有效地提高肌肉力量、速度、耐力和协调性。在实施重复锻炼时，可以根据锻炼者的实际情况，调整锻炼的次数、组数和时间。重复锻炼法适用于各种年龄段的人群，对于初学者来说，可以从较低的锻炼强度开始，逐步提高。

（二）间歇锻炼法

间歇锻炼法是指在锻炼过程中，通过有规律地插入休息时间，使身体在锻炼和休息之间交替进行的锻炼方法。这种方法能够有效提高心肺功能、耐力和恢复能力。间歇锻炼法的实施要点是在锻炼过程中，要保持一定的锻炼强度，同时合理安排休息时间。间歇锻炼法适用于有一定锻炼基础的人群，对于初学者可能会较难适应。

---

[1] 杨文轩，陈琦.体育原理[M].北京：高等教育出版社，2004：40.

(三)连续锻炼法

连续锻炼法是指在一段时间内,持续进行某一项运动的锻炼方法。这种方法能够提高心肺功能、耐力和身体协调性。在实施连续锻炼时,可以根据锻炼者的实际情况,调整锻炼的强度和时间。连续锻炼法适用于各年龄段的人群,但要注意运动量的适度,避免过度锻炼导致身体疲劳。

(四)巡回锻炼法

巡回锻炼法是指在多个锻炼项目之间轮流进行的锻炼方法。这种方法能够全面锻炼身体各个部位的肌肉,提高身体的协调性和适应能力。在实施巡回锻炼时,可以选择不同类型的运动项目,如力量训练、有氧运动和柔韧性训练等。巡回锻炼法适用于有一定锻炼基础的人群,初学者可以在教练指导下逐步进行。

(五)综合锻炼法

综合锻炼法是指将多种锻炼方法和技术融合在一起,进行全面、系统的身体锻炼。这种方法能够充分锻炼身体的各个部位,提高身体素质和健康水平。综合锻炼法通常包括有氧运动、无氧运动、力量训练、柔韧性训练和心理训练等。实施综合锻炼时,要注意各项锻炼的平衡,避免过度侧重某一方面。综合锻炼法适用于各年龄段的人群,可以根据个人需求进行调整。

总之,身体锻炼方法是提高身体素质、增强体质和保持健康的重要手段。通过了解和掌握以上五种锻炼方法,可以根据个人的实际情况和需求,选择合适的锻炼方式,达到预期的锻炼效果。同时,锻炼过程中要注意运动量的适度,防止运动损伤,并在必要时寻求专业教练的指导。身体锻炼的主要方法,如图3-3所示。

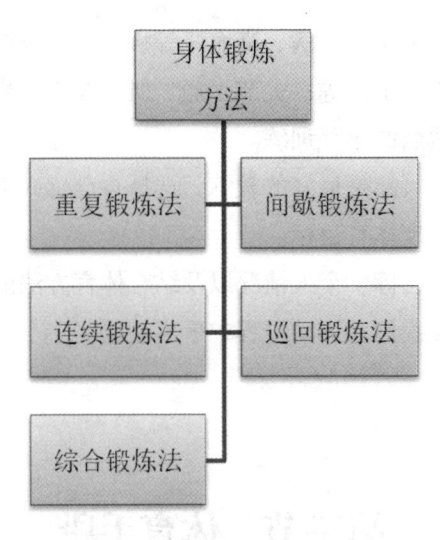

图3-3 身体锻炼的主要方法

四、体育方法的个性化应用

体育方法的选择对于实现体育目标至关重要，因为它直接影响到我们的运动效果和身体健康。体育方法丰富多样，只有科学选用才能达到理想的效果。在选用体育方法时，要注意以下三个方面。

首先，要明确体育目标，根据目标进行合理选择与应用。体育目标可以分为短期和长期目标，短期目标如减肥、增肌、提高某项运动技能等，长期目标如保持健康、延缓衰老、实现运动成就等。明确目标有助于我们选择针对性的体育方法。

其次，要了解各类体育方法的优缺点，注意取长补短。

最后，结合个人兴趣和身体状况选择适合自己的体育方法。具体考虑以下因素：

（1）年龄：不同年龄段的人群适合的体育方法有所不同。例如，儿童和青少年适合参加篮球、足球等团队运动，增强身体素质和社交能力；中老年人则更适合进行瑜伽、太极等轻度运动，保持身心健康。

（2）身体状况：患有心脏病、高血压等疾病的人群应选择低强度、安全的体育方法，如散步、游泳等；关节疼痛、肌肉损伤的患者则应避免过度使用患侧肢体，选择适当的康复训练。

（3）个人兴趣：兴趣是最好的教练。选择自己感兴趣的体育方法，更容易坚持下去，从而实现体育目标。

总之，根据体育目标、个人情况以及结合体育方法的优缺点来选用合适的体育方法，可以让我们在运动过程中事半功倍。

第三节　体育手段

一、体育手段的涵义

体育手段是人们为了增进健康，增强体质，促进人的身心发展，提高劳动技术水平，实现体育目的与任务所采取的各种内容和方法的总称。[1]

体育手段是一个广义性的概念，有着广泛的含义。凡是用于体育实践的内容和各种方法都可以称为体育手段，如为提高运动技术水平而采用的内容和方法称为运动训练手段；为完成体育教学任务而采用的内容和方法称为体育教学手段。在人们的生产劳动、日常生活和军事活动及其他活动中所能采用的内容和方法举不胜举，但只有那些有利于增进健康、增强体质、促进身心发展、提高运动技术水平等根据体育目的、任务和要求而采用的内容和方法才能被称作体育手段。一些以自然力（日光、空气、水）作为增强体质、增进健康而进行的锻炼也视作体育手段，如日光浴、人工模拟水浪冲拍身体等。

---

[1] 陈小蓉.体育科学研究原理与方法[M].北京：北京体育大学出版社，2001：21.

体育手段是在人们生产劳动、日常生活和军事活动中的一些动作的基础上发展起来的。随着社会的发展、科学的进步和体育实践的深入及人们认识的不断深化，体育手段由低级到高级，由少到多，由简到繁，由易到难，逐步发展和完善起来。

二、体育手段的分类

体育手段按运用手段的目的和要完成的主要任务来划分，可以分成八类。

（一）健身类手段

健身类手段是人们塑造健康身体的基石。慢跑、快走、游泳等有氧运动可以有效地提高心肺功能，增强心血管系统健康；而瑜伽、普拉提等伸展运动则能提升身体的柔韧性和平衡感，有助于预防运动损伤。这些运动方式在日常生活中非常受欢迎，因为它们不仅简单易行，而且效果显著。

（二）健美类手段

健美类手段则注重塑造美丽的身体形态。通过力量训练和专业的健美操训练，人们可以塑造出健美的身材，增强自信心。这种运动方式不仅能帮助人们拥有迷人的外貌，更能培养他们追求卓越的精神和自律的习惯。

（三）娱乐类手段

娱乐类手段为人们提供了轻松愉快的休闲方式。无论是足球、篮球等团队运动，还是羽毛球、高尔夫等休闲运动，都能让人们在竞技中感受到快乐，并增强团队合作和沟通能力。这些运动方式可以帮助人们暂时从繁忙的生活和工作中解脱出来，释放压力，增强生活的乐趣。

（四）竞技类手段

竞技类手段代表了人类在体育领域的最高水平，它们要求极高的技能和体能。参与竞技类运动不仅能提高个人的竞技能力，更能为国家争光，提升民族自豪感。这种运动方式需要长期的艰苦训练和不断地挑战自我，但最终的成就感和荣誉是无法用言语表达的。

（五）冒险类手段

冒险类手段充满了挑战和刺激，追求勇敢、坚韧和毅力。参与这类运动需要克服内心的恐惧，锻炼人的勇气和决心。攀岩、跳伞、冲浪等冒险类运动能让人更加勇敢地面对生活中的困难和挑战，培养不畏艰难、勇往直前的品质。

（六）医疗康复类手段

医疗康复类手段则是针对病后康复和慢性病患者的治疗需求而设计的。通过专业的运动疗法，帮助患者恢复身体健康，提高生活质量。这些运动需要在医生的指导下进行，以确保安全有效。医疗康复类运动方式在医学领域的应用已经越来越广泛，它为患者的康复和治疗提供了新的途径和方法。

（七）职业技能训练类手段

职业技能训练类手段则是针对特定职业需求而设计的训练项目。例如飞行员训练、消防员训练等职业需要超强的身体素质和一流的专业技能。这类运动项目能提高他们的职业技能和作业能力，为其职业生涯奠定坚实基础。对于从事特殊职业的群体来说，职业技能训练类运动方式是必不可少的，它能帮助他们更好地履行职责和提高工作效率。

（八）养生保健类手段

养生保健类手段注重预防和调理疾病，延缓衰老。太极拳、气功等传统养生运动注重内外兼修，通过调节呼吸、放松身心来达到锻炼身体和内心的效果。长期坚持养生保健类运动能提高免疫力，降低患病风险，让人更加健康长寿。养生保健类运动方式对于中老年人来说特别受欢迎，因为它能帮助他们保持身体健康、预防疾病、延年益寿。

总之，不同类型和需求的体育手段都各自拥有其独特的魅力和作用。选择适合自身的体育手段不仅能保持身体健康、提高生活质量，还能在运动中感受到快乐、增强自信心、培养团队合作和沟通能力等非运动方面的益处。在选择运动方式时应该充分考虑自己的身体状况和兴趣爱好，同时注意科学合理的运动方法和安全防护措施，以最大程度地发挥运动的积极作用并避免不必要的风险。体育手段的分类，如图3-4所示。

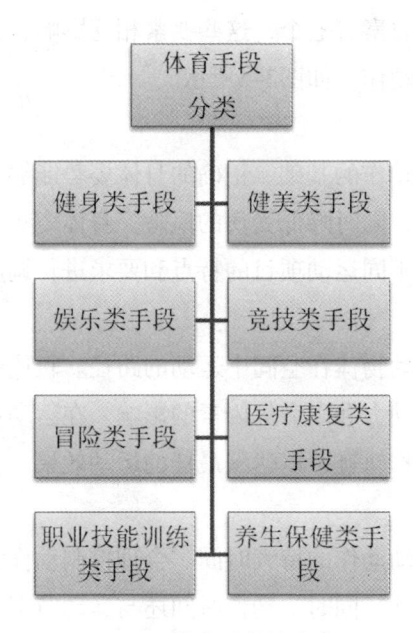

图3-4 体育手段的分类

三、体育手段的基本单位——运动动作

运动动作是构成体育手段的各种具体动作，是体育手段的基本单位，也称身体练习、体育动作，或简称动作，这是人们增进健康、增强体质、娱乐身心、提高运动技术水平而采用的各种具体动作的总称。运动动作可能是一个动态的过程，也可能是一个静态的过程，它既可能是单个动作，又可能是连贯或成套动作。

并不是所有的动作都可作为运动动作，只有那些为了实现体育目的、采用特定的体育手段的动作才能称为运动动作。这些动作不论在形式、内容和方法上都应符合体育的要求，并有助于实现体育的目的。

（一）运动动作的构成要素

运动动作的构成要素有七个，这些要素相互影响、相互配合，共同塑造出优美、协调的运动动作，如图3-5所示。

1. 身体姿势

身体姿势是运动动作的基础。正确的身体姿势能够帮助运动员充分发挥体能，提高运动效果，同时降低受伤的风险。身体姿势包括站立、坐卧、跳跃等多种形式，根据不同运动项目的特点和要求进行调整。

2. 动作轨迹

动作轨迹是指运动物体在空间中运动的路径。轨迹的形状和方向受到运动物体起始位置、运动力和阻力等因素的影响。在运动过程中，运动员需要根据实际情况调整动作轨迹，以达到最佳的运动效果。

3. 动作时间

动作时间是指运动动作的持续时间。合理控制动作时间，可以提高运动动作的连贯性和流畅性。同时，动作时间还与运动节奏密切相关，掌握好动作时间，有助于运动员在比赛中发挥出最佳水平。

4. 动作速度

动作速度是指运动物体在单位时间内所覆盖的距离。速度是衡量运动员

体能和技能水平的重要指标，提高速度能够增强运动动作的爆发力和竞争力。然而，速度与动作的稳定性和准确性之间往往存在矛盾，运动员需要在训练中找到适合自己的速度水平。

5. 动作速率

动作速率是指单位时间内完成动作的次数。速率与速度有所不同，它关注的是动作的频率。提高动作速率，有助于提高运动员在短时间内完成更多次数的动作，从而提高运动表现。

6. 动作力量

动作力量是指运动物体在运动过程中产生的动力。力量是运动动作的基础，充足的力量能够保证运动员在比赛中发挥出高水平。运动员需要通过科学合理的训练方法，提高动作力量。

7. 动作节奏

最后，动作节奏是指运动动作的节拍和规律。良好的动作节奏有助于运动员在比赛中发挥出最佳水平。掌握动作节奏，需要运动员在训练中注重动作的快慢、缓急、停顿等方面的处理。

图3-5 运动动作的构成要素

总之，运动动作的七个构成要素相互关联，共同构成了一个完整的运动动作。运动员要想在比赛中取得优异成绩，就必须全面提高这七个方面的能力。通过科学合理的训练方法和手段，不断提高身体姿势、动作轨迹、动作时间、动作速度、动作速率、动作力量和动作节奏，才能达到运动巅峰。

（二）运动动作的特性

1.动作的完整性

动作的完整性是指一个运动动作在时间、空间和动力学方面的协调与统一。在一个完整的运动动作中，各个环节相互衔接、流畅，没有多余的动作和停顿。动作的完整性不仅体现在单个动作上，还包括动作与动作之间的过渡和衔接。

2.动作的准确性

动作的准确性是指运动者在完成动作时，能够按照预定的技术要求、路线、速度和幅度来完成。动作准确性越高，说明运动者对动作技术的掌握程度越高。在运动训练中，提高动作准确性有助于提高运动成绩和降低运动损伤的风险。

3.动作的协调性

动作的协调性是指运动者在完成动作过程中，能够使身体各个部位协同工作，形成一个统一的整体。协调性包括内部协调（如神经系统、肌肉系统等）和外部协调（如手脚、身体各关节等）。协调性越好，动作越平稳、流畅。

4.动作的稳定性

动作的稳定性是指运动者在完成动作过程中，能够保持身体平衡和稳定。稳定性包括静态稳定性（如站立、坐姿等）和动态稳定性（如跳跃、滚动等）。在运动中，提高稳定性有助于提高动作质量、预防运动损伤和提高运动成绩。

5.动作速度和力量的统一性

速度和力量是运动动作的基本要素之一。速度是指运动者在完成动作时的速率，力量是指运动者在完成动作时产生的动力。速度和力量密切相关，

第三章 体育的内容与实施路径

力量越大,速度越快。在运动训练中,提高速度和力量是提高运动水平的关键因素。

6.动作的节奏性

动作的节奏性是指运动者在完成动作时,能够按照预定的节奏和节拍进行。节奏感不仅体现在动作的快慢、缓急,还包括动作与动作之间的过渡。良好的节奏感可以使运动者在比赛中更好地发挥自己的优势,提高运动成绩。

7.动作的审美性

动作的审美性是指运动者在完成动作时,能够展现出优美的姿态、流畅的动作和协调的身体。美感是运动艺术性的体现,可以提高运动者的兴趣和热情,激发观众的欣赏欲望。

运动动作的要素涵盖了动作的完整性、准确性、协调性、稳定性、速度、力量、节奏感和美感。要提高运动水平,就需要从这些方面入手,不断优化和调整自己的运动动作。在训练过程中,注重动作的细节和整体,才能在比赛中脱颖而出,成为真正的运动高手。运动动作的特性,如图3-6所示。

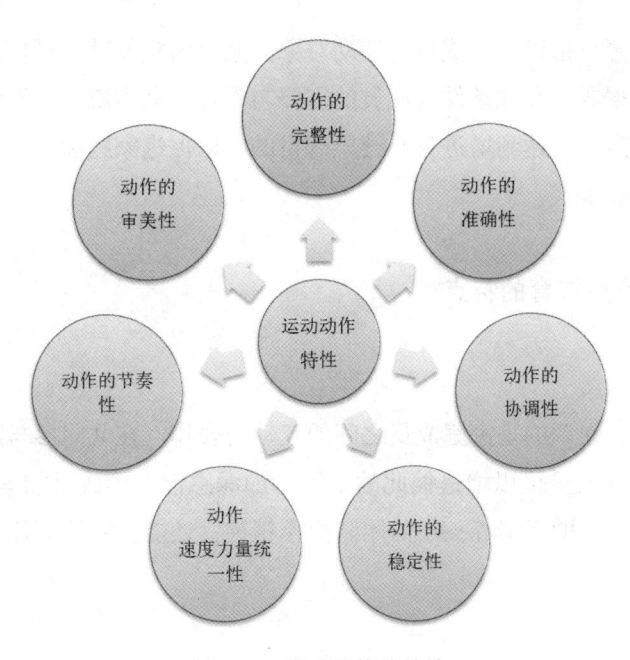

图3-6 运动动作的特性

第四节 体育途径

一般认为，体育从区域和时空视角可划分为家庭体育、学校体育和社区体育。这种划分构成了终身体育的渠道，方便我们分析人生各阶段体育的特点和对策，有助于充分地利用家庭、学校和社区的体育资源，形成"体育合力"，提高人们的健康水平和生活质量，促进社会发展。将家庭体育、学校体育、社区体育相并列比较符合逻辑关系，从这三个方面来探讨体育途径是比较恰当的。

一、家庭体育

（一）家庭体育的概念

家庭体育是指以家庭成员为活动对象，家庭居室及其周围环境为主要活动场所，根据居室环境条件与成员的需要与爱好，利用属于自己的时间选择健身内容和方法，达到增进身心健康的目的，以促进家庭和睦和社会稳定发展的体育活动形式。[1]

（二）家庭体育的特点

1.亲情互动

家庭体育强调的是家庭成员之间的互动与合作。在共同参与体育活动的过程中，家庭成员可以增进彼此的了解，加深感情，形成更加紧密的关系。这种互动不仅有助于培养孩子的团队协作精神，还能让家长更好地了解孩子

---

[1] 朱纪华.体育与社会[M].北京：人民教育出版社，2007：139.

的需求和成长状况。

2.氛围轻松

与传统的体育训练相比，家庭体育更注重营造轻松、愉悦的氛围。在这样的环境下，家庭成员可以放下日常的繁忙与压力，全心投入体育活动中，感受运动带来的身心愉悦。这不仅能够提高运动的积极性，还能进一步加深家庭成员之间的默契。

3.自主性、低成本

家庭体育由家庭成员自主组织和参与，可以根据个人兴趣和身体状况选择合适的体育项目。家庭体育无需额外投入大量资金，只需利用一些简单的体育器材，即可实现健身目的。

4.灵活时间

家庭体育不受时间和地点的限制，家庭成员可以根据自己的空闲时间来安排合适的体育活动。这种灵活性使得家庭体育更加适应现代人的生活节奏，让每个家庭成员都能充分参与体育活动。

5.多样性

家庭体育项目种类繁多，形式多样。无论是室内还是户外的运动项目，都能在家庭体育中找到一席之地。这不仅满足了不同年龄段和体质的家庭成员的需求，还让家庭体育更加富有新鲜感和挑战性。

（三）家庭体育的意义和价值

1.促进身心健康

适当的体育锻炼能够增强人体免疫力，提高身体素质。家庭体育活动有助于预防疾病，增强家庭成员的体质。同时，运动还能释放压力，调节情绪，使家庭成员保持良好的精神状态。在繁忙的生活中，家庭体育成为了一种有效的身心调节方式。

2.增进家庭和谐

通过参与家庭体育活动，家庭成员之间可以建立起更加深厚的情感纽带。在共同的经历中，家长可以更好地了解孩子的成长过程，发现孩子的潜力和特长；孩子也能更加理解家长的付出与期望。这样的互动与沟通有助于解决生活中的矛盾和问题，促进家庭的和谐稳定。

3.培养团队精神

在家庭体育活动中，每个家庭成员都有自己的角色和任务。通过共同努力、协同合作，家庭成员可以学会相互支持与鼓励，培养团队协作精神。这种团队精神不仅有助于提升运动效果，还能对家庭成员在其他方面的团队协作能力产生积极影响。

4.传承体育文化

家庭体育作为中华文化的重要组成部分，承载着丰富的历史和文化内涵。通过参与家庭体育活动，家庭成员可以了解我国的传统体育项目和运动理念，弘扬民族精神。这不仅有助于传承我国的优秀文化传统，还能培养下一代对体育运动的热爱和兴趣。

（四）家庭体育的发展

家庭体育作为新兴的体育形态，将家庭生活与体育锻炼相结合，旨在倡导健康、积极的生活方式，让每个家庭成员在繁忙的工作和学习之余，能够关注自身的身体健康，增强体质。家庭体育的发展不仅有助于提高全民身体素质，还能促进家庭成员间的沟通与互动，营造和谐的家庭氛围。近年来，我国政府高度重视全民健身事业，不断出台相关政策举措，鼓励家庭体育的发展。例如，政府加大对体育设施的投入，提升公共体育服务水平，让更多家庭能够方便地享受到体育锻炼的乐趣。此外，政府还通过举办各类体育活动，宣传家庭体育的重要性，引导市民树立健康的生活观念。随着人们生活水平的提高，越来越多的家庭开始注重健康生活方式的培养，体育健身成为家庭生活的重要组成部分。社会各界也纷纷关注家庭体育的发展，为家庭提供更多优质的体育资源和健身指导，助力家庭体育事业的蓬勃发展。在政府、社会的共同努力下，家庭体育将不断发展壮大，为全民健康事业做出更大贡献。

1.增强家庭体育意识

家庭体育意识的培养是推动家庭体育发展的首要任务。我们要通过各种渠道，加大对家庭体育的宣传力度，让广大家庭认识到体育对孩子身心发展的重要性，从而树立家庭体育观念，将体育锻炼纳入家庭日常生活。

2.丰富家庭体育活动内容

要促进家庭体育的发展，就需要不断丰富体育活动内容，以满足不同年龄段、不同兴趣爱好的家庭成员的需求。例如，可以推广亲子运动、老年人健身操、瑜伽等适合家庭开展的体育项目，让家庭成员在锻炼身体的同时，享受亲情、友情的陪伴。

3.完善家庭体育设施

家庭体育设施的完善程度直接影响到家庭体育的开展。政府和企业应加大对家庭体育设施的投入，为家庭提供便利、实用的体育器材。同时，鼓励家庭自备一些简单易用的体育器材，如跳绳、健身球等，为家庭体育活动提供保障。

4.加强家庭体育教育

家庭体育教育是培养孩子养成体育锻炼习惯的重要环节。家长应关注孩子的体育教育，引导孩子参加体育锻炼，培养其运动兴趣。此外，学校也应加强对家庭体育教育的指导，与家庭携手共同培养孩子的体育素养。

5.建立家庭体育激励机制

为了更好地推动家庭体育的发展，我们可以建立家庭体育激励机制。例如，定期举办家庭体育比赛，鼓励家庭成员参与，对表现优秀的家庭给予奖励。这样既能激发家庭成员的体育锻炼热情，又能增强家庭凝聚力。

6.营造良好的家庭体育氛围

家庭体育氛围的营造对于家庭成员养成体育锻炼习惯至关重要。家长要树立榜样，积极参与体育活动，与孩子共同锻炼。同时，家庭要倡导健康的生活方式，让体育锻炼成为家庭生活的一部分，从而形成良好的家庭体育氛围。

7.推动家庭体育与学校体育接轨

家庭体育与学校体育接轨的重要性在于促进青少年全面发展和提高体育教育质量。在我国，学校体育教育占据主导地位，而家庭体育教育和社区体育教育相对薄弱。为了弥补这一不足，我们需要将家庭体育与学校体育相结合，形成一个互补、协调的教育体系。

以下是促进家庭体育与学校体育有效接轨的建议。

（1）提高家长对体育教育的认知

通过社区体育教育、宣传和培训，提高家长对体育教育重要性的认识，让他们了解体育锻炼对孩子身心发展的积极作用，从而更加关注和支持孩子的体育活动。

（2）建立家庭与学校的沟通与合作机制

学校可以定期邀请家长参加体育活动，分享体育教育经验，让家长了解学校体育教育的目标和计划。同时，家长也可以向学校提出建议和意见，共同推动学校体育教育的发展。

（3）促进社区体育发展

社区体育作为连接家庭与学校体育教育的纽带具有重要的桥梁作用。政府和企业应加大对社区体育设施的投入，鼓励社区举办各类体育活动和比赛，为家庭和学校提供更多的体育教育资源。

（4）制订个性化的家庭体育计划

根据学生的兴趣和特长，家长和学校共同制订个性化的体育发展计划，确保孩子在家庭和学校都能得到系统、全面的体育训练。

（5）开展家庭体育竞赛

鼓励家庭参加学校和社会举办的体育竞赛，培养孩子的团队精神和竞争意识，提高家庭体育教育的质量。

通过以上措施，我们可以实现家庭体育与学校体育的有效接轨，为孩子提供更加全面、系统的体育教育，促进青少年身心健康和全面发展。

二、社区体育

（一）社区体育的概念

社区体育是指以街道办事处、居委会牵头，以若干个相邻的企事业单位为轴心，与周围各界、各单位组成地区性体育组织，为增强体质，活跃文化生活，提高生活质量，就近开展地区性体育活动的组织体制与活动形式。[1]

(二) 社区体育的特点

1. 基层性

基层性是社区体育的核心特点。社区体育以基层社区为单位开展，紧密贴合居民的生活，具有鲜明的地域特色。这种基层性使得社区体育能够更加亲近民众，为组织和管理提供便利。同时，基层性也保证了社区体育能够充分发挥其引导作用，推动居民积极参与体育锻炼。

2. 群众性

社区体育具有广泛的群众性。参与社区体育的对象涵盖各个年龄段、不同性别和各类人群，充分体现了社区体育的普及性和公平性。群众性意味着社区体育是全民参与的体育活动，有利于促进全民健康，提高国民身体素质。

3. 自主性

自主性是社区体育的重要特点。社区体育以居民自主参与为主，强调居民的自我管理、自我服务和自我教育。这种自主性有助于激发居民参与体育的积极性和主动性，使体育成为居民日常生活的一部分。

4. 多样性

社区体育活动形式丰富多样，包括健身操、舞蹈、球类、武术等。这种多样性充分满足了不同人群的健身需求，增强了社区体育的吸引力，让更多的人都能参与体育活动。

5. 公益性

公益性是社区体育的核心价值。社区体育以公共服务为导向，旨在提高全民身体素质，促进社会公益事业发展。公益性使得社区体育更具公平性和普及性，让体育锻炼成为全民享有的权利。

---

[1] 朱纪华.体育与社会[M].北京：人民教育出版社，2007：128.

6.互动性

互动性是社区体育的一大亮点。社区体育强调居民之间的交流与合作，通过互动增进了解，促进邻里关系和谐。这种互动性有助于构建和谐社区氛围，促进社会和谐发展。社区体育的特点，如图3-7所示。

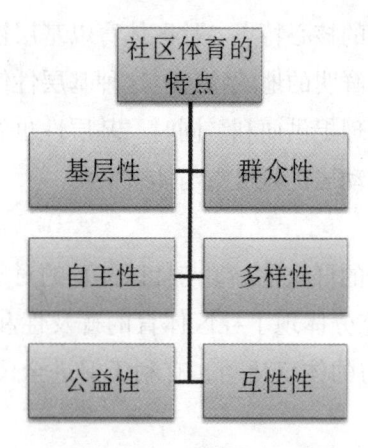

图3-7 社区体育的特点

（三）社区体育的发展

在我国，社区体育作为全民健身的重要组成部分，为广大居民提供了锻炼身体、交流互动的平台。近年来，随着社会经济的快速发展，人民生活水平的不断提高，社区体育得到了广泛关注和重视。下面对社区体育的发展现状进行探讨，并提出相应的发展建议。

1.社区体育发展现状

（1）设施器材不断完善

近年来，我国社区体育设施器材得到了较大程度的改善。许多社区纷纷设立了篮球场、羽毛球馆、乒乓球室等体育设施，部分社区还配备了健身器材和儿童游乐设施，满足了不同年龄段居民的锻炼需求。

（2）组织管理逐步规范

随着社区体育活动的不断增多，各地纷纷成立了社区体育领导小组，负责组织、协调、指导社区体育工作。同时，部分社区还建立了体育志愿者队伍，积极参与组织各类体育活动，使社区体育活动有序开展。

（3）活动内容丰富多样

当前，社区体育活动内容日益丰富，既有传统的球类、跑步等运动项目，也有瑜伽、舞蹈等新兴项目。许多社区还针对老年人、儿童等特定群体，开展了有针对性的体育活动，满足了居民个性化需求。

（4）交流互动日益增强

社区体育活动不仅提高了居民的身体素质，还拉近了邻里间的距离。通过参加体育活动，居民们相互认识、交流、学习，增进了邻里之间的感情，促进了社区和谐发展。

2.社区体育发展的困境

（1）设施器材不足

尽管近年来社区体育设施器材得到了改善，但仍有部分社区体育设施匮乏，无法满足居民的锻炼需求。尤其是在人口密集的城市，体育设施不足的问题尤为突出。

（2）活动经费不足

许多社区体育活动由于经费不足，使得活动规模、质量受限。此外，缺乏足够的经费支持，也使得社区体育设施器材更新维护困难。

（3）专业人才短缺

社区体育工作需要具备一定专业素养的人才。然而，当前社区体育专业人才短缺，影响了社区体育工作的开展。

3.社区体育发展对策

为了进一步加强社区体育发展，我们可以采取以下对策。

（1）完善政策法规

政策法规的完善是社区体育发展的基石。政府部门应出台一系列细致、具体的政策法规，明确社区体育发展的目标和任务，为社区体育的可持续发展提供坚实的法治保障。同时，加大宣传力度，通过各种渠道宣传这些政策法规，让社会各界充分认识到社区体育的重要性，形成全社会共同参与、共同支持的良好氛围。

（2）加强组织协调

加强组织协调是社区体育发展的关键。各级政府部门需进一步强化对社区体育工作的组织领导，建立健全社区体育工作联席会议制度，确保各部门之间的有效沟通与协作。同时，积极引导和鼓励企事业单位、社会团体及个人参与社区体育活动，形成多元化参与的新格局，推动社区体育事业的蓬勃发展。

（3）加强硬件和软件建设

在硬件设施方面，提高体育设施建设水平是重中之重。这就需要加大投入力度，不断完善社区体育设施建设，提高体育设施的覆盖率和利用率。同时，积极引导社会力量参与体育设施的建设和管理，实现体育资源的优化配置和高效利用。为了方便居民就近参加体育活动，我们还应推进学校、企事业单位等体育设施的对外开放，实现资源共享。

在软件方面，丰富体育活动内容是吸引更多居民参与的关键。针对不同年龄、不同需求的社区居民，开展形式多样、内容丰富的体育活动，如亲子运动会、老年人太极拳比赛等。此外，大力推广普及全民健身项目，发挥传统体育项目的优势，如武术、太极等，并结合地方特色文化开展独具特色的社区体育活动。

（4）提供科学指导

在科学指导方面，加强体育健身指导是必不可少的。这就需要培养一支具备专业技能的体育健身指导员队伍，为社区居民提供个性化的健身指导服务。此外，通过线上线下的方式普及科学健身知识也是关键的一环，可以帮助居民树立正确的健身观念、养成良好的运动习惯。

（5）加强安全保障

在安全保障方面，社区体育活动的安全是至关重要的。因此，我们需要加强社区体育活动的安全管理，完善相关制度和措施。例如定期对体育设施进行检查和维护、严格控制活动人数、配备专业的医疗急救人员等。同时，积极推广体育意外伤害保险，降低居民参加体育活动的风险。

（6）注重创新交流

我们要鼓励和支持社区体育组织和个人进行创新实践，如开发新的健身项目、引入智能化的健身设备等。同时，加强国内外社区体育的交流与合作也是提升我国社区体育发展水平的重要途径。通过分享成功经验、互相学习借鉴，我们可以不断开拓思路、取长补短，推动社区体育事业迈上新的台阶。

三、学校体育

（一）学校体育概述

学校体育作为青少年时期的重要教育环节，对个体体育意识的培养、运动技能的掌握和身体素质的提升具有至关重要的作用。学校体育的成功开展，有助于学生在毕业后能够将体育锻炼作为一种生活方式，从而为终身体育奠定基础。

终身体育教育旨在倡导全民参与体育活动，提高国民体质。在学校体育阶段，学生通过系统地学习体育知识、技能和锻炼习惯，为终身体育奠定基础。毕业后，他们将把在学校体育中学到的知识和技能应用到日常生活中，实现学校体育与终身体育的无缝衔接。学校体育是提高青少年体质、培养体育人才的重要途径。学校应加大对体育教育的投入，提高体育教学质量，确保学生掌握一定的体育技能和锻炼方法，为培养高素质的体育人才奠定基础。

学校体育是我国教育体系中的重要组成部分，它不仅关系到学生的身心健康，还对培养学生的综合素质和提升国家竞技水平具有深远影响。经过数十年的探索与实践，我国学校体育发展取得了举世瞩目的成果。然而，在发展过程中仍然面临着诸多挑战。因此，深入了解我国学校体育发展现状，对进一步推动学校体育事业的发展具有重要意义。

（二）学校体育的发展

1.发展现状

（1）体育课程设置不断完善

近年来，我国学校体育课程设置逐渐向着更为科学、合理的方向发展。

体育课程的内容涵盖了各类运动项目，如田径、球类、游泳、武术、冰雪等，满足了不同年龄段和兴趣爱好的学生的需求。同时，体育课程设置更加注重培养学生的运动技能和体育素养，以促进学生全面发展。

（2）体育师资队伍素质稳步提升

在我国教育部门的大力推动下，体育教育专业的师资队伍规模不断扩大，专业素质和教育教学能力也得到了显著提升。许多优秀的体育教育专业毕业生进入学校任教，为学校体育事业注入了新鲜血液和活力。此外，在职体育教师的培训和进修机制不断完善，使得体育教师的专业素养得到持续提升。

（3）体育设施设备逐步完善

随着国家对学校体育事业的重视程度不断提高，各级政府加大了对学校体育设施设备的投入力度。如今，许多学校的运动场地和设施已经得到了明显改善，拥有了标准的田径场、足球场、篮球场等设施。这为学生提供了更加舒适、安全的体育锻炼环境，进一步激发了学生的运动热情。

（4）学生体质健康状况逐年提高

近年来，我国学生体质健康状况呈现逐年上升的趋势。通过开展阳光体育活动等多种形式的学生体育活动，学生的身体素质指标稳步提升，整体健康水平得到有效提高。这得益于学校、家庭和社会多方面的共同努力和学生个人积极参与体育锻炼的结果。

2.发展面临的挑战

（1）体育教育观念滞后

尽管我国学校体育取得了显著成果，但部分地区的体育教育观念仍然相对滞后。一些学校过于注重文化课成绩，对体育教育的重视程度不够，导致体育课程设置和教学内容过于简单、陈旧。这种情况难以满足学生身心发展的需求，阻碍了学生的全面发展。

（2）体育教师待遇偏低

尽管我国体育教师队伍规模庞大，但部分地区和学校的体育教师待遇普遍偏低。这种情况不仅使得优秀的体育教育人才流失，还导致现有体育教师队伍的不稳定。低待遇不仅影响了教师的工作积极性和职业发展，还制约了学校体育教育的质量和水平。

（3）体育设施资源分布不均

尽管我国学校体育设施设备得到了改善，但城乡之间、地区之间的资源分配仍然存在较大差距。在一些农村和边远地区的学校，由于资金和资源有限，体育设施条件相对较差，难以满足学生体育锻炼的需求。这种情况制约了学校体育事业在这些地区的普及和发展。

3.发展的对策

（1）加强政策支持，提高认识水平

要推动我国学校体育的发展，首先，要强化政策支持。政府部门要充分认识到学校体育的重要性，将学校体育纳入国家教育发展规划，制定相关政策措施，加大对学校体育的投入，确保学校体育场馆、设施和器材的配备。其次，要加大宣传力度，提高全社会对学校体育的认识，形成重视学校体育的氛围。

（2）完善课程体系，提高教学质量

学校体育的发展离不开完善的课程体系和高质量的教学。教育部门要不断优化体育课程设置，确保学生在校期间能够接受系统、全面的体育教育。此外，要提高体育教师的专业素质，加强师资培训，引入先进的教学理念和方法，提高体育教学质量。

（3）强化体育锻炼与竞技体育相结合，提升学生体育素养

学校体育不仅要注重学生的体育锻炼，还要加强与竞技体育的结合。通过举办各类体育比赛和选拔赛，激发学生的竞技潜能，选拔和培养一批具有竞技水平的体育人才。同时，要注重培养学生的体育素养，使他们在体育锻炼中养成良好的运动习惯和体育道德。

（4）促进家校社会协同，形成共同推动学校体育发展的合力

学校体育的发展需要家庭、学校和社会的共同支持。家长要树立正确的教育观念，重视孩子的体育锻炼，积极配合学校开展体育活动。学校要充分利用社会资源，与体育场馆、体育俱乐部等机构合作，为学生提供更多体育锻炼的机会。政府部门也要发挥引导作用，鼓励社会力量参与学校体育事业。

（5）注重体育科研，为学校体育发展提供理论支撑

体育科研是推动学校体育发展的重要力量。教育部门要加大对体育科研

的投入，支持相关研究机构开展学校体育领域的课题研究，为学校体育改革和发展提供理论支撑。同时，要加强体育科研成果的推广与应用，促进学校体育实践与理论的紧密结合。

四、正确处理家庭体育、学校体育、社区体育三者关系

家庭体育、学校体育与社区体育如同三驾马车，共同拉动着体育事业不断向前。它们各自承担着重要的角色，却又相互依赖，相互促进。

家庭体育，是孩子接触体育、培养兴趣的起点，它温暖而富有亲情，为孩子打下了坚实的体育基础。家长用自己的陪伴和引导，为孩子播种下热爱体育的种子，让孩子们在快乐的运动中感受到家庭的温暖和体育的魅力。学校体育则是一个系统化、科学化的教育过程，它以严谨的教育方式，引导学生掌握体育技能，形成良好的锻炼习惯。学校通过开展丰富的体育活动和课程，为学生提供了一个全面发展的平台。在这里，学生不仅能够锻炼身体，更能够培养团队协作精神和竞争意识。而社区体育像是一个开放的舞台，它让更多的人有机会参与体育锻炼，让体育成为人们生活的一部分。社区体育活动丰富多彩，满足了不同年龄段和不同层次的人们对体育锻炼的需求。在这里，人们不仅能够锻炼身体，还能够增强社区凝聚力，让社区成为一个更加和谐、有爱的地方。

为了更好地发挥家庭体育、学校体育与社区体育三者的作用，我们需要深入理解它们的内在联系。家庭体育与学校体育相互配合，如同两大基石，共同支撑起青少年体育教育的大厦。家庭体育为学校体育提供了基础，学校体育又为社区体育注入了活力。而社区体育则反过来丰富和充实了家庭与学校体育的内容和形式。通过这种良性的互动与补充，我们能够为青少年创造一个更加完善的体育成长环境。

政府和相关机构需要制定一系列的政策和规定，确保家庭、学校和社区体育的和谐发展。这些政策和规定不仅需要明确各自的职责和权益，还需要为三者之间的合作提供指导和支持。政府还需要通过加大对家庭、

第三章　体育的内容与实施路径

学校和社区体育的资金投入来确保各项设施建设完备。此外政府还可以出台激励措施鼓励更多的社会力量参与其中，从而推动中国体育事业的整体发展。

除了政策层面的支持外，我们还需要通过各种渠道加强宣传引导工作，利用媒体和网络平台广泛传播家庭、学校和社区体育的重要价值，提高全民对体育锻炼的重视程度。

总之，家庭体育、学校体育与社区体育是推动中国体育事业发展的重要支柱，只有深入理解它们的角色和功能，强化三者之间的协同配合，完善相关政策法规，并加大宣传力度，才能真正发挥出它们的作用。

第四章 体育与社会现象的关系

体育是一种特殊的社会文化活动,在体育的漫长发展历史中,体育与经济、文化、教育、传媒以及医疗卫生等社会现象形成了千丝万缕的联系。体育与这些社会现象相互影响,相互作用,并形成了体育经济、体育文化、体育教育、体育传媒、体育医疗等新的体育领域,为体育事业的发展壮大开拓了新的空间。本章重点对体育与上述社会现象的互动关系及相互作用进行分析,并探讨体育与这些文化现象相结合的发展策略。

第一节 体育与经济

一、体育对经济的影响

进入现代社会以来,体育与经济之间的关系越来越复杂和多元,彼此形成了互为促进、相互制约的关系,这种你中有我、我中有你的发展模式是体育社会学的研究内容之一,也是推动现代体育发展和创新探索过程中首先要弄清楚的问题。

第四章　体育与社会现象的关系

（一）体育产业的发展对经济增长的贡献

体育产业已经成为全球最大的产业之一，其产值在许多国家中都占据了相当大的比例。体育产业的发展对于经济增长的贡献主要体现在体育产品的生产、销售以及体育服务的提供等方面，这些活动创造了大量的就业机会，拉动了经济增长。

1.体育健身业对经济增长的刺激

（1）创造就业机会

随着体育健身行业的壮大，需要更多的人力来满足市场需求。这包括健身教练、营养师、管理员、销售员、清洁工、设备维护人员等，从而创造了大量的就业机会。

（2）增加消费支出

人们参与健身活动需要购买健身器材、运动装备以及相关的营养品。这直接促进了消费支出的增加，推动了相关产业的发展。

（3）促进体育用品销售

随着健身人口的增加，对于体育用品的需求也相应增加。这包括各种健身器材、运动鞋、运动服装等，从而促进了体育用品的销售。

（4）提升服务行业收入

健身人群在锻炼后可能需要餐饮、洗浴等配套服务。因此，体育健身业的发展也拉动了相关服务行业的收入增长。

（5）吸引投资

随着健身市场的不断扩大，吸引了越来越多的投资者进入。这不仅促进了体育健身业的发展，也为经济的增长注入了新的活力。

（6）促进健康产业的整体发展

体育健身作为健康产业的一部分，其发展也促进了其他健康相关产业的发展，如医疗保健、营养品行业等。

（7）提升城市形象和知名度

一些成功的健身中心或健身房可能成为一个城市的标志，吸引更多的人前来，从而提升城市的形象和知名度。

（8）提高劳动者素质与生产效率

通过参与体育健身，人们的身体素质得到提高，有助于提高工作效率和生产效益。同时，这也为社会培养了更健康、更有活力的劳动者。

2.体育娱乐业对经济的积极影响

体育娱乐活动的开展，如体育赛事、嘉年华、演出等，直接带来了门票收入、广告赞助收入、商品销售收入等，这些都是对经济的直接贡献。

（1）消费带动效应

体育娱乐活动往往伴随着餐饮、住宿、交通等方面的消费，这些消费会直接推动相关行业的发展，进而刺激经济增长。

（2）税收贡献

体育娱乐业的发展能够带来税收的增加，政府可以利用这些税收进行基础设施建设和公共服务提升，进一步推动经济发展。

（3）投资吸引

成功的体育娱乐活动能够吸引大量的投资，包括赞助商、广告商、合作伙伴等，这些投资能够进一步推动经济的发展。

（4）品牌建设与推广

成功的体育娱乐活动能够提高城市的知名度，吸引更多的游客和投资者，从而促进城市的发展和品牌的推广。

（5）产业联动效应

体育娱乐业的发展能够与其他产业形成联动效应，如旅游、餐饮、酒店、广告等，这些产业的发展能够进一步促进经济的增长。

（6）社会效益

体育娱乐业的发展不仅能够带来经济效益，还能够带来社会效益，如提高人们的健康水平、增强社区凝聚力、丰富文化生活等，这些积极效果也会在一定程度上转化为经济效益。

（二）体育赛事的举办对经济的拉动

大型体育赛事如奥运会、世界杯等，其举办对于经济的拉动作用非常显著。赛事的举办需要建设大量的基础设施，如体育场馆、交通设施等，这些

第四章 体育与社会现象的关系

投资会直接推动经济增长。同时，赛事的举办还会吸引大量的媒体和观众关注，带动相关产业如旅游、餐饮、酒店等的发展。

体育职业化和商业化成为体育发展的一种必然。一场精彩的体育比赛可以吸引成千上万的观众，并可直接获取门票收入。

（三）体育品牌的影响力对经济的推动

体育品牌的影响力已经超越了体育领域，成为了许多企业的合作伙伴。这些品牌通过与企业的合作，将体育的精神和价值观传递给消费者，从而提高了品牌知名度和美誉度。这种影响力对于经济的推动作用主要体现在品牌价值的提升、市场份额的扩大以及产品价格的上涨等方面。

（四）体育旅游业开拓出新的经济增长点

尤其是竞技体育的蓬勃发展，带动了体育旅游业的发生和发展，并进而为经济增长做出突出的贡献。

1.促进旅游业发展

体育旅游将体育和旅游两个领域相结合，为游客提供了独特的体验。通过参与各种体育活动，游客可以体验不同的文化和风景，从而促进旅游业的快速发展。

2.创造一系列的就业机会

体育旅游业的发展需要大量的工作人员来满足游客的需求。从导游到体育设施的管理人员，再到餐饮、交通、酒店、翻译等一系列的就业机会。

3.提升地方经济

体育旅游业的发展可以促进地方经济的增长。游客在当地的消费，如餐饮、住宿、交通等，都会为当地经济带来收入。同时，体育旅游也可以带动相关产业的发展，如运动装备、纪念品等。

4.增强品牌知名度

通过举办大型体育赛事或特色体育活动，可以吸引大量媒体和游客的关注，从而提高城市的知名度和影响力。这不仅有助于推动当地经济的发展，还可以吸引更多的投资和人才。

5.促进文化交流

体育旅游不仅是体育和旅游的结合，也是文化和历史的交融。游客在参与体育活动的同时，也可以了解当地的文化和历史，促进不同地区之间的文化交流。这又会带动和刺激更多的经济活动的发生。

因此，体育旅游业的发展对于经济增长的贡献是显而易见的。为了更好地发挥其潜力，须加强基础设施建设、提高服务质量、加强市场营销和品牌推广等方面的工作。

二、经济对现代体育发展的影响

现代社会，良好的物质基础仍然是体育发展的基本前提。对于一个社会而言，这一物质基础不仅包括经济状况、经济发展水平，也包括经济制度。

（一）经济状况决定体育发展的规模

经济状况对体育发展的规模起着决定性的作用。经济发展可以为体育发展提供物质技术条件和保障，同时又向体育提出新的需求。随着国家经济的成长，民众的生活水平得到了提高，同时也丰富了精神文化生活，对于体育运动也有了越来越多的投入。

一方面，经济状况决定了国家和社会对于体育事业发展的投入规模，也决定了群众积极参与体育活动、自愿投入体育消费的规模。另一方面，经济环境的特点也决定了体育产业市场发展的规模。不同地区经济环境不同，经济发展水平不同，体育产业市场发展状况就不同。

当然，除了经济状况外，体育发展的水平还受到政治、文化、教育、科技等多种因素的影响。例如，国家的政治需求决定了体育发展的性质；文化背景和传统影响了体育运动的形式和特点；教育水平决定了人们的体育知识和技能；科技发展则带来了新的训练方法和比赛规则。因此，在研究经济与体育的发展关系时，应具有更为广阔的视野。

第四章　体育与社会现象的关系

但是无论如何，经济对体育的发展都具有直接的影响作用。一个社会的经济水平越高，人们对于体育的需求就越大，从而扩大了体育事业的发展规模。总的来说，经济状况是体育发展的基础和关键因素。

（二）经济制度决定体育意识形态

经济制度是社会生产关系的总和，它决定了社会的经济发展水平和财富积累方式。体育意识形态是人们对体育的价值观念、思想体系和心理认知的综合表现，受到社会文化、政治、教育等多种因素的影响。

经济制度对体育意识形态的影响主要体现在以下几个方面。

（1）经济发展水平决定了体育基础设施的建设和体育资源的投入，从而影响了人们对体育的认知和参与程度。例如，在经济发达国家，体育设施完备，体育资源丰富，人们对体育的认知程度较高，参与度也较高。

（2）经济制度决定了社会财富的分配方式，从而影响了人们对体育消费的观念和态度。例如，在市场经济体制下，体育产业的发展与市场需求密切相关，人们对体育消费的态度更加积极。

（3）经济制度也影响了人们对体育的价值观和认知。在资本主义社会，个人主义和功利主义价值观较为盛行，人们对体育的认知更倾向于追求个人成就和利益。而在社会主义社会，集体主义和公平竞争的价值观更为突出，人们对体育的认知更强调团队合作和公正竞赛。

总之，体育意识形态的形成并不仅取决于经济制度，还受到文化、教育、政治等多种因素的影响。例如，在不同的文化背景下，人们对体育的认知和价值观可能会有所不同。因此，经济制度对体育意识形态有一定的影响，但并不能完全决定体育意识形态。

（三）经济发展水平决定体育的结构和手段

经济发展水平对体育的结构和手段的影响，体现在以下几方面。

首先，经济状况决定了体育事业发展的规模和速度。社会物质生产水平从根本上决定着体育运动发展的规模和速度，决定着体育事业内部的结构和比例。一个国家或地区的国内生产总值、国民平均收入等基本指标，很大程度上是体育运动发展的前提指标。

其次，经济环境的特点也影响了体育产业市场的发展规模。不同地区经济环境不同，经济发展水平不同，体育产业市场发展状况就不同。

最后，随着经济的发展，人们对体育的需求也会发生变化，从而影响体育的结构和手段。例如，在经济发展水平较低时，人们的体育锻炼主要追求身体健康、增强体质，而随着经济水平的提高，人们对体育的需求逐渐扩大，体育的结构和手段也发生了变化，形式多样的体育健身娱乐项目开始兴起。

综上所述，经济发展水平对体育的结构和手段有一定的影响，但并不是唯一的决定因素。要全面提升体育发展水平，需要综合考虑多种因素，并采取综合性的措施。

三、现代体育经济的发展策略

（一）加大体育产业政策支持力度

政府应出台相关政策，鼓励和扶持体育产业的发展，为其创造良好的政策环境和条件，促进体育经济的快速发展。同时，政府还需要加强对体育产业的监管和管理，规范市场秩序和经营行为，保障体育产业的健康有序发展。

1.财政政策

政府可以通过财政政策来支持体育产业的发展。例如，加大对体育产业的财政投入，为体育企业提供财政补贴、税收优惠等政策，降低体育企业的经营成本，促进体育产业的发展。

2.金融政策

政府可以引导金融机构为体育企业提供贷款、融资等金融服务，解决体育企业的资金问题，支持体育产业的快速发展。

3.产业政策

政府可以制定相关的产业政策，鼓励和引导体育产业的发展方向。例如，优先发展新兴体育产业，推动体育产业的转型升级，提高体育产业的附加值和竞争力。

4.市场政策

政府可以通过市场政策来促进体育产业的市场化改革。例如，推动体育场馆、赛事等资源的开放和市场化运作，提高体育市场的竞争力和活力。

5.人才政策

政府可以制定相关的人才政策，吸引和培养优秀的体育产业人才。例如，为体育产业人才提供优厚的待遇和福利，建立完善的人才培养和引进机制。

（二）优化体育产业结构

1.调整体育产业结构

推动体育产业向多元化、专业化、品牌化方向发展，提高体育产业的附加值和竞争力。加大对体育服务业、体育用品制造业等相关产业的支持力度，推动体育产业结构优化升级。同时，鼓励新兴体育产业的发展，培育新的经济增长点。

2.加强体育产业科技创新

鼓励企业加大科技创新投入，推动体育产业与科技融合发展。例如，利用大数据、人工智能等技术手段提升体育产业的技术水平和服务质量。

3.培育体育市场主体

积极培育具有国际竞争力的体育企业，打造具有品牌特色的体育产品和服务，提高企业的核心竞争力和市场占有率。

4.拓展体育消费市场

通过创新体育产品和服务，满足不同消费群体的需求，扩大体育消费市场，提高体育消费水平和层次。

5.加强国际合作与交流

积极参与国际体育经济合作与交流，学习借鉴国际先进经验和技术，提高我国体育经济的国际影响力和竞争力。

（三）培育体育市场主体

积极培育具有国际竞争力的体育企业，打造具有品牌特色的体育产品和服务，提高企业的核心竞争力和市场占有率，具体还有以下几个方面。

1.引导社会资本投入

政府可以通过引导社会资本投入，鼓励更多的企业进入体育产业领域，壮大体育市场主体规模。

2.培育大型体育企业

通过资源整合、兼并重组等方式，培育一批具有国际竞争力的大型体育企业，提高体育产业的整体实力。

3.支持中小体育企业发展

政府可以加大对中小体育企业的支持力度，帮助其解决融资、人才等方面的问题，促进其快速成长。

4.推动体育品牌建设

鼓励企业加强品牌建设，打造具有特色的体育品牌，提高市场知名度和美誉度。

5.加强人才培养和引进

政府可以加大对体育产业人才的培养和引进力度，为体育市场主体提供充足的人力资源保障。

（四）拓展体育消费市场

1.丰富体育产品和服务

通过创新和多样化，提供更多符合消费者需求的体育产品和服务，满足不同年龄、性别、兴趣和消费水平的消费者需求。

2.增强消费者体育意识

通过教育和宣传，提高公众对体育的认知和兴趣，培养健康的体育消费观念和习惯。

3.优化消费环境

加强体育设施建设和运营，提高体育场馆、健身房、户外运动场所等的服务质量，为消费者提供更好的消费体验。

4.利用科技手段提升消费便利性

利用互联网、移动支付等科技手段，提供更加便捷的体育消费服务，如在线预订、移动支付等。

5.引导和刺激消费

通过促销、优惠等活动方式，引导和刺激消费者进行体育消费。同时，可以与相关产业进行合作，实现互利共赢的局面。

6.加强市场调研和分析

通过市场调研和分析，了解消费者的需求和偏好，为产品和服务开发提供依据，更好地满足市场需求。

7.提高体育产业的国际竞争力

加强国际合作与交流，学习借鉴国际先进经验和技术，提高我国体育产业的国际影响力和竞争力。

（五）推动体育产业科技创新

推动体育产业的科技创新，须加大科研投入力度，比如支持体育科研机构与高校开展合作，尤其是在应用领域加大研究力度。同时，还要敢于引进国外的先进技术和设备，或者与国际领先研究机构建立产学研合作机制，加强企业、高校和科研机构的合作。当然，这就涉及做好知识产权保护的工作，以保护创新成果和创新的积极性。

积极利用最先进的科技成果，包括但不限于大数据、云计算、人工智能等数字化技术，推动体育产业的数字化转型，建立智能化体育水平，提供技术咨询、成果转化、创业孵化等服务。

（六）加强国际合作与交流

1.参加国际体育组织

积极参与国际体育组织，如国际奥委会、国际足联等，争取更多的话语权和参与机会。合作与交流是推动体育经济发展的重要措施之一。

2.举办国际赛事

申办国际赛事,如奥运会、世界杯等,提高国际知名度和影响力。通过国际合作与交流,可以引进国际先进的体育产业经验和技术,提高我国体育产业的国际影响力和竞争力。

(七)完善体育产业法律法规体系

1.强化执法力度

加强对体育产业市场的监管和管理,加大执法力度,对违法行为进行严厉打击,维护市场秩序和公平竞争。

2.建立健全的监督机制

建立健全的体育产业监督机制,对体育产业法律法规的执行情况进行监督和检查,确保法律法规得到有效执行。

3.加强普法宣传教育

加强体育产业法律法规的普法宣传教育,提高体育产业从业人员的法律意识和素养,促使其自觉遵守法律法规。

4.建立体育产业纠纷解决机制

建立体育产业纠纷解决机制,为各方提供便捷、高效的纠纷解决途径,保障各方合法权益。

第二节 体育与文化

一、体育对文化的影响

体育作为一种社会现象,不仅是一种身体锻炼的方式,更是文化交流

第四章 体育与社会现象的关系

与传播的载体。自古以来，体育活动就与文化紧密相连，相互影响、相互促进。

（一）体育促进文化交流

体育活动具有强烈的社会互动性，参与者来自不同国家和地区，这为文化交流提供了良好的平台。在体育赛事中，各国选手同场竞技，相互学习，增进了各国之间的友谊和理解。此外，体育活动还带动了相关产业的发展，如体育用品、体育旅游等，进一步促进了文化产业的交流与融合。

（二）体育丰富文化内涵

体育作为一种文化形式，丰富了人们的精神生活。体育赛事中的拼搏、团结、公平等精神内涵，为人们提供了精神寄托。同时，体育明星作为社会的榜样，传播着正能量，影响着一代又一代人。此外，体育活动还传承了各民族优秀的传统文化，如我国的武术、围棋等，为文化传承提供了有力保障。

（三）体育强化民族凝聚力

体育活动具有强烈的民族荣誉感，如奥运会、世界杯等国际赛事，各国选手为了国家的荣誉而拼搏。在这样的背景下，体育成为了强化民族凝聚力的重要手段。在我国，体育事业得到了长足的发展，不仅在竞技体育领域取得了辉煌的成绩，同时也为人民群众提供了更多的健身途径，增强了国民的身体素质和民族自豪感。

（四）体育推动文化创新

体育活动的不断创新，为文化发展注入了新的活力。从体育用品的设计到体育赛事的组织，再到体育文化的传播，都离不开创新。体育的创新不仅体现在技术、战术等方面,还体现在体育精神的传播上。在这个过程中,体育推动了文化产业的转型升级,为文化创新提供了源源不断的动力。

(五)体育促进国际友好合作

体育作为一种国际性的事业,促进了各国之间的友好合作。国际体育赛事为各国提供了交流的平台,增进了相互了解,有利于世界和平与发展。同时,体育领域的合作也为我国与世界各国搭建了友谊的桥梁,有利于提升我国的国际地位和影响力。

二、文化对体育的影响

文化是人类社会发展的重要组成部分,它影响着人们的价值观、行为规范和生活方式。体育作为人类社会的一种重要活动,同样受到文化的影响。

(一)影响价值观的传承与塑造

文化是一个国家或地区的历史、传统和风俗的体现,其中包括了人们的价值观。价值观是人们行为规范的基础,对体育活动有着深远的影响。例如,我国传统文化强调"礼仪之道",在体育活动中倡导"友谊第一,比赛第二"的精神,使得我国体育健儿在竞技场上展现出良好的体育道德风貌。

(二)影响体育活动的传承与发展

文化传统在一定程度上决定了体育活动的发展方向。我国有着悠久的体育文化传统,如武术、养生等,这些传统体育项目不仅承载着我国历史文化的精髓,而且在现代社会中不断发展,成为人们强身健体、休闲娱乐的重要方式。

（三）影响体育赛事的举办与参与

文化背景对体育赛事的举办和参与有着重要影响。不同国家和地区有着不同的体育文化，这导致了体育赛事的多样性。例如，我国传统文化中的端午节龙舟赛，已成为一项具有国际影响力的体育赛事，吸引了世界各地的选手参与。

（四）影响体育人才的培养与选拔

文化对体育人才的培养和选拔有着重要影响。一个国家或地区的体育事业发展，离不开优秀人才的支持。文化传统决定了人才培养的方式和选拔标准。如我国在乒乓球、羽毛球等项目上取得的优异成绩，得益于我国深厚的体育文化底蕴和选拔培养机制。

文化对体育的影响是全方位的，从价值观、体育活动、赛事举办到人才培养，都离不开文化的熏陶。在全球化背景下，我国体育事业的发展需要充分挖掘和传承优秀体育文化，以促进体育事业的持续发展。同时，体育事业的发展也有助于弘扬和传播民族文化，增强国家文化软实力。因此，在我国体育事业发展过程中，要重视文化的作用，发挥文化对体育的积极影响。

三、现代体育文化的发展策略

体育文化作为一种特殊的文化形态，在我国社会发展中占有举足轻重的地位，它既具有鲜明的时代特征，也承载着丰富的民族精神。近年来，我国体育文化事业取得了显著的成果，但仍然存在一些问题和不足。为了进一步推动体育文化事业的发展，提高国民素质，必须高度重视体育文化的建设与发展。

当前我国体育文化的发展现状主要表现为：

第一，体育文化设施不断完善，但区域发展不平衡。近年来，我国政府加大了对体育文化设施的投入，许多城市和乡村的体育设施得到了显著改善。然而，东西部、城乡之间的体育文化资源配置仍存在较大差距，部分地区体育文化设施匮乏，无法满足人民群众的需求。

第二，体育文化活动丰富多样，但普及程度不高。我国各地举办的体育文化活动日益丰富，涵盖竞技体育、群众体育等多个领域。然而，这些活动的参与度仍有待提高，尤其在农村地区，体育文化活动开展得较少，群众热情不高。

第三，体育文化人才培养不足，专业水平有待提高。当前，我国体育文化人才培养体系尚不完善，体育文化专业人才供应不足。此外，体育文化人才的综合素质和专业水平也有待提高，以适应新时代体育文化事业的发展需求。

第四，体育文化政策支持力度加大，但实施效果尚不明显。近年来，我国政府出台了一系列体育文化政策，旨在推动体育文化事业的发展。然而，这些政策在地方层面的落实效果尚不明显，部分地区体育文化事业发展依然滞后。

体育文化发展事关国家文化繁荣、民族素质提升和社会和谐稳定。在新的历史时期，我们要紧紧抓住体育文化发展的重要机遇，立足现实，创新思路，推动体育文化事业不断迈上新的台阶。下面针对我国现代体育文化发展的情况与问题提出相应建议。

（一）加大投入，优化体育文化设施布局

政府应继续加大对体育文化设施的投入，特别是在中西部地区和农村地区，建立健全体育文化设施体系，提高体育文化服务的均等化水平。

（二）丰富体育文化活动，提高群众参与度

各地应结合本地区特色，举办丰富多彩的体育文化活动，鼓励群众积极参与。同时，加大宣传力度，提高体育文化活动的社会关注度，形成全民参与体育文化的良好氛围。

（三）加强体育文化人才培养，提高专业水平

完善体育文化人才培养体系，加大对体育文化专业人才的培养力度。同时，开展体育文化人才培训，提高现有体育文化人才的专业素养，为体育文化事业发展提供人才保障。

（四）强化政策落实，提高体育文化事业发展水平

政府应加强对体育文化政策的监督和评估，确保政策落地生根。同时，鼓励地方创新体育文化发展模式，发挥地方优势，推动体育文化事业跨越式发展。

第三节　体育与教育

现代体育与教育之间联系比以往任何时代都更为紧密。当代社会，体育已经成为教育的重要组成部分，是培养人才全面发展的重要途径之一。体育的质量还决定着对未来社会的道德水平、审美水平的塑造。因此，研究现代体育与教育的关系和影响是社会发展建设的重要前提。

一、现代体育对教育的影响

体育是德、智、美三育的物质基础，不仅在德育方面发挥着重要作用，还在智育和美育方面提供了必要的支持和载体。

（一）体育对德育的作用

德育注重培养学生的道德品质和行为习惯，而体育则通过身体锻炼和竞技活动，培养学生的团队协作、自律、毅力和拼搏精神等品质，这些品质是德育教育的重要内容。因此，体育对于培养学生的道德品质和行为习惯具有基础性作用。

1.体育能够培养学生的品德和道德素养

在体育活动中，学生需要遵循规则、尊重对手、团结协作等，这些要求有助于培养学生的道德意识和行为习惯，提高学生的道德素养。

2.体育能够增强学生的意志品质和毅力

体育活动需要学生付出较大的努力和毅力，面对困难和挑战时需要坚持不懈、勇往直前，这些品质有助于提高学生的意志品质和毅力。

3.体育能够促进学生的身心健康和全面发展

通过体育活动，学生可以锻炼身体、增强体质，同时也可以缓解压力、调节情绪，有助于学生的身心健康。体育还可以培养学生的团队协作、沟通交流等能力，有助于学生的全面发展。

4.体育可以培养学生的爱国情感

体育还可以通过一些特殊的活动形式培养学生的爱国精神和集体荣誉感。比如，运动会、团体操等集体项目可以让学生更加关注集体的荣誉和利益，增强学生的集体主义精神和爱国精神。

（二）体育对智育的作用

智育注重学生的知识传授和智力发展，而体育则通过身体锻炼和竞技活动，提高学生的身体素质和健康水平，为学生的智力发展提供必要的身体基础。同时，体育活动中的团队协作和沟通等能力，也是学生未来工作和学习中必备的技能。

1.体育活动能够促进大脑的发育

体育活动能够刺激大脑的神经元，增加神经突触的数量，从而提高大脑的认知和学习能力。研究表明，长期参与体育运动的学生在智力测试中表现更好，而且在学习和工作中更容易集中注意力。

2.体育活动能够提高记忆力

通过体育运动，学生需要学习各种技能和动作，这些技能和动作需要反复练习才能熟练掌握。在这个过程中，学生需要不断回忆和巩固所学的内容，这有助于提高他们的记忆力。

3.体育活动能够培养思维能力

在体育活动中，学生需要掌握战略、战术和技巧，这些都需要学生具备一定的思维能力。通过分析和判断对手的动向和战术，学生可以提高自己的思维能力和决策能力。

4.体育活动能够提供放松和缓解压力的机会

长时间的学习和工作会导致大脑疲劳，而参与体育运动可以帮助学生放松身心，缓解压力，从而更好地投入学习和工作中。

因此，我们应该注重体育在教育中的地位和作用，充分发挥体育的智育功能，为学生提供更加全面的教育服务。

（三）体育对美育的作用

美育注重对学生的审美能力和艺术修养的培养，而体育则通过优美的动作、协调的姿态和富有激情的竞技活动，培养学生的审美意识和艺术修养。此外，体育还可以通过运动训练和比赛，提高学生的自信心和表现力，进一步丰富学生的艺术内涵。

1.体育可以塑造学生的形体美

通过合理的运动，可以改善学生的身体形态，使其肌肉发达、举止大方、青春焕发、体形匀称健美。

2.体育可以提升学生的精神美

体育运动具有进取、竞争、对抗、承担负荷、战胜艰难困苦和经受胜败考验等特点，可以锻炼人的思想、意志和道德品质，提升人的精神境界。

3.体育可以展现技巧美

在体育中，精湛的技巧与身体美、精神美交相辉映，形成一个体育健儿的完美形象。这些运动中的技巧、战术，能够诱发学生对技巧美的向往，对身型美、精神美的追求，使他们产生模仿的欲望。

4.体育具有创新的功能

首先，体育教育能培养学生的创新思维。体育运动需要学生思维敏捷，注重策略和判断力。比如，在团队运动比赛中，学生需要根据场上形势做出及时的决策，寻找突破对手的方式。这要求学生具备独立思考和创新解决问题的能力。体育教育通过培养学生的观察力、判断力和应变能力，促进他们形成积极的创新思维。

其次，体育教育激发学生的创新潜能。体育运动不仅需要学生具备基本的技术能力，还需要他们在实践中不断尝试、创新。体育教育为学生提供了展示才华和创造力的平台。例如，在创造舞蹈动作的过程中，学生必须利用自己的创意和想象力，创造出独特的舞蹈动作。这种锻炼帮助学生挖掘和发展自己的创新潜能，激发他们在其他学科领域中的创造力。

二、教育对现代体育的影响

教育是一个多方面、多层次、多形态、多因素、多类别的社会现象。它不仅包括学校教育，还包括家庭教育、社会教育等不同领域，以及教育实践活动和教育政策法规、教育思想理论等不同形态。因此，教育是一个复杂的社会现象，其对体育的影响需要综合全面的认识。

（一）推广体育知识和技能

教育系统通过体育课和体育活动，向学生传授体育知识和技能，培养他们的体育素养和运动能力。这种教育方式有助于提高学生对体育的认识和参与度。

（二）培养体育精神和道德观念

教育不仅是教授知识和技能，还包括培养学生的道德观念和精神品质。

第四章　体育与社会现象的关系

在体育教育中，学生可以学习到团队合作、拼搏进取、尊重规则等体育精神和道德观念。

（三）促进身心健康和社会适应能力的提升

通过参与体育活动，学生可以锻炼身体，提高身心健康水平，同时也可以培养社会适应能力，如合作、沟通、解决问题等能力。这些能力在学生未来的生活和工作中都非常重要。

（四）培育体育人才

教育系统通过体育教育和训练，可以培养出优秀的体育人才。这些人才可以为国家和社会的发展做出贡献，提高国家在国际体育赛事中的竞争力。

（五）提高社会对体育的关注度

随着教育的普及和提高，社会对体育的关注度也在不断提高。这有助于推动体育事业的发展，提高人们的健康水平和生活质量。通过学校和家庭教育，人们可以了解到体育的基本知识和技能，认识到体育在促进身心健康、提高生活质量方面的重要性。这种认识水平的提高将促使更多人关注和参与体育活动。在校园中，学生可以挖掘自己的体育兴趣和潜力，培养长期进行体育活动的习惯。

另外，教育还起到弘扬体育精神的作用，从而提高社会对体育的认同感和关注度，促进更为丰富的社会交流与合作活动。通过参与体育活动，人们可以增进彼此之间的了解和友谊，形成更加和谐的社会氛围。

（六）影响体育产业的发展

体育相关专业和课程的开设可以为体育产业培育优秀人才，提供人才支持。随着体育产业的不断发展，对专业人才的需求也越来越高。教育系统通过培养相关人才，可以促进体育产业的发展。

三、现代体育教育的发展策略

现代体育教育的发展策略应以更新教育理念为先导，对师资建设、教学方法和手段，以及教学模式等进行系统的完善和革新，不断提高体育教育的质量和水平，为培养德智体美劳全面发展的社会主义建设者和接班人作出更大的贡献。

（一）更新教育理念

树立"健康第一"的教育理念，注重培养学生的体育兴趣和锻炼习惯，提高学生的体育素养和健康水平。同时，应加强终身体育教育，鼓励学生自主锻炼和持续参与体育活动。

（二）完善课程设置

在课程设置上，应结合学生的身心发展特点，合理安排不同年级和不同性别的体育课程内容，注重课程内容的科学性和系统性。同时，应增加选修课程和特色课程，满足学生的个性化需求。

（三）创新教学方法

采用多样化的教学方法，如情境教学、游戏教学、合作学习等，激发学生的学习热情和积极性。同时，应注重学生的个体差异和不同需求，采用分层教学和个性化辅导等方式，提高教学质量。

（四）加强师资队伍建设

提高体育教师的专业素养和教学能力，加强师资队伍的培训和管理。同时，应鼓励教师进行教学研究和改革创新，不断探索适合现代教育发展的体育教学新模式。

（五）推进信息化教育

利用信息技术手段，推进体育教育的信息化和数字化。建立体育教学资源库、在线课程平台和智能教学系统等，为学生提供更加便捷和高效的体育学习资源和服务。

（六）强化学校和社会协同育人

加强学校与社会的联系与合作，充分利用社会资源为体育教育服务。鼓励社会力量参与体育教育改革和发展，形成学校、家庭、社会三位一体的育人格局，共同促进学生的全面发展和健康成长。

第四节　体育与传媒

现代体育与传媒之间存在着密切的关系，它们之间相互促进、相互发展。传媒在体育的传播和发展中起到了重要的支持和推动作用，而体育也成为传媒报道的支柱型内容，丰富了传媒报道的维度，增强了其精彩程度。随着科技的进步和人们对体育的需求不断增加，现代体育与传媒之间的联系也将更加紧密，并共同促进现代社会的强劲发展。

一、现代体育对传媒的影响

（一）丰富了传媒的内容品质

现代体育为传媒提供了丰富的报道内容，这是最突出的影响之一。体育赛事具有高度的观赏性和激烈竞争性，吸引了大量观众的关注，因此成为媒体报道的重要内容之一。体育赛事的报道能够吸引更多的受众，提高媒体的知名度、影响力和经济收益。比如通过对重要体育赛事的报道和转播，以广告、赞助等方式，媒体能够获得可观的商业收入，从而支持媒体的运营和发展。此外，体育产业的商业价值也为媒体提供了更多的商业机会。

（二）促进传媒技术创新

传媒为了提供更好的观看体验、更高效的报道方式，满足人们对体育赛事的实时报道和高清画面的需求，以及增强媒体受众的黏度，不断推出新的技术和设备，如高清转播技术、无人机拍摄等。这些技术创新推动着传媒行业的持续进步。

（三）促进竞争与发展

体育赛事的报道需要媒体之间的竞争和创新。为了吸引更多的观众和抢占市场份额，媒体需要提供更加优质的报道内容和观看体验。这种竞争促进了媒体不断加强自身的竞争力，提高了行业的整体水平。

二、传媒对现代体育的影响

（一）传播信息与文化

传媒是体育信息传播的主要渠道，通过报纸、杂志、电视、网络等媒体

第四章 体育与社会现象的关系

或平台，人们可以及时获取各种体育赛事的信息、运动员的动态、体育政策的发布等内容。这不仅满足了人们对体育信息的需求，也传播了体育文化和价值观，推动了体育知识的普及。

现代体育已经成为全球性的文化现象，通过媒体的传播，体育赛事和运动员的形象和影响力得以在全球范围内传播。这有助于推动全球文化的交流和互动，增强不同国家和民族之间的相互了解和友谊，让更多的民族体育有机会被更多人认识，并在世界范围内传播和发展。

（二）促进体育产业的发展

传媒对体育的广泛传播和报道，增加了人们对体育的兴趣和参与度，推动了体育消费市场的扩大。同时，传媒也通过广告、赞助等方式为体育产业带来了巨大的商业价值，进一步促进了体育市场的发展。

（三）塑造运动员形象

传媒通过新闻报道、采访、纪录片等形式，将运动员的生活、训练和比赛呈现给观众，塑造了他们的形象和品牌。这不仅有助于提高运动员的知名度和影响力，也为他们带来了商业机会和广告赞助。

（四）影响舆论和价值观

传媒通过报道和评论，引导公众对体育事件和人物形成公正客观的看法和评价。尤其在社交媒体时代，网民的意见和评论对舆论的影响力越来越大，这也对体育界产生了很大的影响。

（五）推动体育创新和技术进步

随着科技的进步，传媒技术在体育传播中发挥着越来越重要的作用。高清转播技术、无人机拍摄、VR/AR技术等为观众带来了更加沉浸式的观看体验，也推动了体育赛事组织和转播的创新。

（六）提升体育的社会地位

通过广泛的报道和传播，体育在社会中的地位逐渐提升，越来越多的人开始关注和参与体育运动。同时，传媒也让更多的人了解到了体育在社会文化、教育、健康等方面的价值和功能。

（七）监督和规范体育行为

传媒对体育赛事和运动员的报道，有助于公众了解比赛规则和道德标准，并对违规行为进行舆论监督。这在一定程度上促使体育界更加规范和公正地运作，提高了体育比赛的公信力。

总之，传媒在现代体育的发展中起到了重要的作用。它不仅传播信息、普及知识、促进产业发展，还塑造形象、引导舆论、推动创新和技术进步。然而，传媒对体育的影响并非都是积极的，也存在一些负面影响，如过度商业化和娱乐化、不实报道和炒作等。

三、现代体育传媒的发展策略

（一）整合资源，拓展产业链

体育传媒可以整合内外部资源，拓展产业链，如开展体育赛事运营、体育营销、体育培训等业务。这样可以实现多元化经营，提高盈利能力，增强市场竞争力。

体育传媒应强化品牌建设，打造具有影响力的品牌形象。通过品牌建设，可以提高媒体的品牌价值和市场影响力，提升媒体在市场中的竞争力和地位。

第四章 体育与社会现象的关系

（二）创新报道形式

现代体育传媒可以利用新技术和新媒体平台，创新报道形式，如直播、短视频、互动问答等。通过多样化的报道形式，提高观众的参与度和黏性，增加媒体流量和影响力。

（三）提升内容质量

体育传媒应注重内容质量的提升，培养专业素养高的采编团队，提高报道的专业性和可信度。同时，加强内容审核和把关，确保报道的真实性和客观性。

1.拓展报道内容

除了传统的体育新闻报道，现代体育传媒可以拓展报道内容，关注更多领域，如体育产业、体育科技、体育文化等。这样可以满足观众多样化的需求，提高媒体的品牌影响力和市场竞争力。

2.加强深度报道

现代体育传媒应该注重深度报道，挖掘体育事件背后的故事和意义，提供深入、专业的分析。这样可以提高媒体内容的品质和价值，吸引更多高端受众。

（四）注重社会责任与公益

体育传媒应注重履行社会责任，积极参与公益事业。通过履行社会责任和参与公益事业，可以提高媒体的公信力和形象，赢得社会各界的认可和尊重。

第五节 体育与医疗卫生

一、体育对医疗卫生的影响

体育作为一种重要的社会文化活动,对医疗卫生事业的发展具有深远的影响。在我国,体育与医疗卫生的联系日益紧密,全民健身已成为国家战略,旨在提高全民健康水平,降低疾病发生率。下面简要阐述体育对医疗卫生事业的影响。

(一)促进健康

体育活动可以增强心肺功能,提高身体素质,预防多种疾病。长期坚持体育锻炼有助于降低高血压、糖尿病、肥胖等慢性病的发生率。此外,体育活动还可以增强免疫力,减少感染性疾病的发生。

体育对心理健康也有积极影响。锻炼可以释放压力,缓解焦虑、抑郁等心理问题。研究表明,适量的体育锻炼对改善心理健康状况具有显著效果,有助于提高人们的生活质量。

(二)带来社会卫生效益

体育事业的发展有助于提高社会卫生水平。体育场馆、健身设施的普及为人们提供了锻炼的场所,有利于培养良好的生活习惯。此外,体育赛事的举办和传播可以提高公众对健康的关注,增强健康意识。

(三)防治慢性病

随着生活水平的提高,慢性病已成为我国医疗卫生事业面临的重要挑战。体育活动在慢性病防治方面具有显著作用。例如，糖尿病、高血压等疾病的患者通过适量锻炼，可以改善病情，降低并发症的风险。

（四）促进健康产业发展

体育与医疗卫生事业的融合，为健康产业的发展提供了广阔空间。体育医疗、康复治疗、健身指导等专业人才的培养，有助于推动健康产业创新。同时，体育医疗服务体系的完善，将进一步提高我国医疗卫生事业的整体水平。

总之，体育对医疗卫生事业的影响是多方面的。在新时代背景下，我们要充分发挥体育在医疗卫生事业中的积极作用，推动全民健身与全民健康深度融合，为构建健康中国作出贡献。

二、医疗卫生对体育的影响

（一）医疗卫生对竞技体育的影响

竞技体育作为一项高度专业化、高强度的运动活动，其对运动员的身体素质、心理素质和技术水平提出了极高的要求。在这一过程中，医疗卫生工作发挥着举足轻重的作用，对竞技体育的可持续发展具有重要意义。

1.保障运动员的健康状况

医疗卫生在竞技体育中首要的任务是确保运动员的健康。运动员在训练和比赛中，往往面临着各种运动损伤和疾病的风险。专业的医疗团队可以及时发现并治疗运动员的伤病，防止病情恶化，保障运动员的身体健康。此外，医疗卫生部门还可以为运动员提供科学的康复方案，加速伤病康复，降低运动员因长期训练和比赛带来的身体负担。

2.提高运动成绩

医疗卫生对提高运动员的运动成绩具有重要作用。通过对运动员的身体状况、营养需求等进行全面评估，医疗卫生团队可以制订个性化的训练计划和营养食谱，确保运动员在比赛中发挥出最佳水平。同时，医疗卫生部门还可以运用现代医学技术，如康复训练、物理治疗等，帮助运动员提高身体素质，提升运动能力。

3.预防运动性疾病的发生

医疗卫生在预防运动性疾病方面具有关键作用。由于长时间的高强度训练和比赛，运动员容易患上某些运动性疾病，如心肌炎、关节炎等。医疗卫生团队可以针对这些疾病进行预防和监控，采取有效的干预措施，降低疾病发生的风险。此外，医疗卫生部门还可以开展健康教育，增强运动员的健康意识，培养良好的生活习惯，从而降低运动性疾病的发生概率。

4.营造良好的竞技体育环境

医疗卫生工作对于营造公平、公正、健康的竞技体育环境具有重要意义。反兴奋剂工作是医疗卫生在竞技体育中的一项重要任务。医疗卫生团队要加强对兴奋剂的检测和管理，确保比赛的真实性和公平性。同时，医疗卫生部门还需关注运动员的心理状况，为他们提供心理咨询和康复服务，帮助运动员保持良好的心理状态，应对比赛压力。

医疗卫生在竞技体育中具有不可替代的作用。只有确保医疗卫生工作的顺利进行，才能为竞技体育的可持续发展提供有力保障。在新的历史条件下，医疗卫生与竞技体育的融合发展成为必然趋势。医疗卫生部门要不断创新服务模式，拓展服务领域，为竞技体育提供全面、高效、优质的服务。同时，竞技体育也要高度重视医疗卫生工作，积极采纳先进的医疗技术和管理理念，提高运动训练的科学性，降低和避免运动损伤的风险。

（二）医疗卫生对大众体育的影响

在当今社会，大众体育已经成为人们追求健康、提高生活质量的重要途径。医疗卫生与大众体育之间存在着密切的联系，它们相互影响、相互促进，共同为人民群众的健康保驾护航。下面探讨医疗卫生对大众体育的影响。

1.提高公众健康意识

医疗卫生工作旨在普及健康知识，提高人们的健康素养。随着健康意识的不断提升，越来越多的人开始关注体育锻炼，将体育运动纳入日常生活，以预防疾病、保持身体健康。大众体育的普及使得更多人意识到锻炼的重要性，从而积极参与体育运动。

2.促进健康行为养成

医疗卫生工作倡导科学、健康的生活方式，提倡戒烟限酒、合理膳食、规律作息等良好习惯。这些健康行为对于大众体育的推广具有重要意义。人们在养成良好的健康行为后，会更加注重体育锻炼，从而提高大众体育的参与度。

3.完善公共体育设施

医疗卫生部门在推动健康事业发展的过程中，注重公共体育设施的建设和完善。这为大众体育的开展提供了有力保障。健全的公共体育设施便于人们进行体育锻炼，激发大众体育的活力。

4.加强体育人才培养

医疗卫生部门重视体育人才培养，提倡专业化的体育指导。在医疗卫生机构的指导下，越来越多的人能够掌握正确的锻炼方法，避免运动损伤，进一步提高大众体育的水平。

5.推动体育与健康融合

医疗卫生部门不断推动体育与健康事业的融合发展，将体育运动与康复治疗、慢性病防治等相结合。这有助于发挥体育在促进全民健康中的积极作用，推动大众体育的普及与发展。

三、现代体育医疗卫生的发展策略

随着科技的飞速发展和人民生活水平的不断提高，现代体育医疗卫生在国民经济和社会发展中的地位日益凸显。为了更好地推动我国体育医疗卫生事业的繁荣发展，我们需要探讨和制定一套切实可行的发展策略。

（一）加强政策支持和顶层设计

政府在体育医疗卫生领域应充分发挥主导作用，出台一系列相关政策，加大对体育医疗卫生事业的投入和支持力度。同时，要加强顶层设计，明确体育医疗卫生发展的目标、任务和路径，确保政策措施的有效性和针对性。

（二）完善体育医疗卫生服务体系

建立健全体育医疗卫生服务体系，提高体育医疗服务质量和水平。加强基层体育医疗卫生服务体系建设，实现基层体育医疗卫生服务的全覆盖。推进体育医疗与公共卫生服务相结合，提高群众体育健康素养。

（三）提高体育医疗卫生科技水平

加大体育医疗卫生科研投入，鼓励和支持体育医疗卫生科技创新，推动科技成果转化。加强与国际体育医疗卫生领域的交流与合作，引进和借鉴先进的管理理念和技术方法，提高我国体育医疗卫生科技水平。

（四）培养专业人才

加强体育医疗卫生专业人才的培养，提高人才培养质量和数量。鼓励体育医疗卫生人才参与国内外学术交流和合作，提升体育医疗卫生人才队伍的整体素质。

（五）强化宣传引导和社会参与

加大体育医疗卫生宣传力度，提高公众对体育医疗卫生事业的认知度和支持度。鼓励社会各界参与体育医疗卫生事业，形成政府、企业、社会共同推动体育医疗卫生发展的良好格局。

总之，只有通过全方位、多层次的努力，才能推动我国体育医疗卫生事业不断迈上新的台阶，为全民健康提供有力保障。

第五章 学校体育教育原理

体育教育是我国社会主义建设中非常重要的一项事业,发展体育教育能够满足社会各方面、各层次的人对体育的多种需要。近年来,学校高度重视体育教育工作,大力扶持学校体育建设,强调通过开展校园体育活动来促进学生健康成长与全面发展。学校体育教育工作的顺利开展离不开科学理论与原理的支持与引导,本章主要对学校体育教育原理进行分析,内容主要包括体育教育在学校教育中的地位与作用,学校体育教育的科学依据、基本规律与原则、学校体育课程论以及新时期学校体育教材编写与师资建设。

第一节 体育教育在学校教育中的地位与作用

一、体育教育在学校体育中的重要地位

在我国,学校全面教育一直致力于培养学生的综合素质,使其在德、智、体、美、劳等方面全面发展。其中,体育教育在其中占据着举足轻重的地位,它不仅关乎学生的身心健康,还影响到他们在学习、生活和未来职业

生涯中的竞争力。因此，在全面发展教育观念下，体育教育的重要性不容忽视。

首先，健康的身体是学生学习的基础。只有具备良好的身体素质，学生才能在紧张的学习生活中保持积极的心态，应对各种学习挑战。体育教育通过锻炼学生的体能，增强他们的抗压能力，使其在面对学习压力时保持清晰的思维和稳定的情绪。此外，体育活动还能帮助学生养成良好的生活习惯，如规律作息、合理饮食等，从而降低患病风险，延长寿命。

其次，体育教育有助于培养学生的团队协作精神和竞争意识。在体育比赛中，学生们要学会如何与他人合作，克服困难，争取胜利。这种团队精神和竞争意识将在很大程度上帮助他们适应社会，提高人际交往能力。此外，体育活动还可以锻炼学生的意志品质，让他们在遇到挫折时保持坚定信念，勇往直前。

再次，体育教育与德育、智育、美育同样重要，它们紧密联系、相辅相成。体育教育不仅可以让学生在忙碌的学习之余放松身心，还可以帮助他们树立正确的价值观，提高审美品位。同时，体育教育与劳动教育相结合，能够使学生在参与体育活动的过程中体验劳动的艰辛与快乐，培养其尊重劳动、热爱生活的品质。

总之，在学校的全面教育中，体育教育的角色不可替代。我们必须高度重视体育教育，提高体育教育质量，为培养德智体美劳全面发展的社会主义建设者和接班人奠定坚实基础。

二、体育教育在学校教育中的作用

体育教育，常被视为学校教育中的"绿色通道"，对于学生的身心发展起着至关重要的作用。在全面素质教育的背景下，体育教育不仅关乎学生的身体健康，更是促进学生心理成熟、团队合作和竞技精神的关键环节。下面从体育教育的重要性出发对其在学校教育中的作用进行分析。

第五章　学校体育教育原理

（一）奠定健康的基石

学校体育教育在促进学生身心健康方面具有不可替代的作用。身心健康是学生全面发展和成长成才的重要基础。通过体育教育，我们可以有效地促进学生的身心健康，培养他们积极向上的心态和良好的身体素质。

首先，体育教育能够提高学生的身体素质。通过科学的运动训练和锻炼，学生可以增强肌肉力量、心肺功能和身体的协调性。这些身体素质的提升不仅能够增强学生的体质，还可以提高他们的免疫力，减少疾病的发生。研究显示，经常参加体育锻炼的学生在身体各项指标上均优于不经常锻炼的学生，他们的身体更加健康，精力更加充沛。

其次，体育教育能够培养学生的心理素质。运动是一种释放压力和情绪的有效方式，通过运动可以缓解学生的焦虑、抑郁等心理问题。同时，体育比赛中的成功与失败、合作与竞争等经历可以锻炼学生的意志品质和团队协作精神。这些心理素质的提升有助于学生在未来的生活和工作中更好地应对挑战和压力。

最后，体育教育还可以培养学生的社交能力。在体育活动中，学生需要与他人进行交流和合作，这种互动可以增强他们的社交能力和沟通能力。同时，通过参加体育比赛和活动，学生可以结交更多的朋友，拓展自己的人脉圈。这些社交能力的提升有助于学生在未来的职业生涯中更好地发展事业。

（二）培养团队合作精神

体育教育注重集体项目的研究与实践，使学生在团队合作中学会相互信任、支持与配合。团队合作是现代社会人才必备的能力之一。通过体育教育，学生可以培养良好的团队意识，提高团队协作能力，为他们今后在社会中的发展奠定基础。

（三）塑造健全人格

体育教育有助于培养学生坚韧不拔的意志品质、积极向上的精神风貌和公平竞争的意识。在体育竞技中，学生要学会面对挫折、克服困难，从而培养出自信、自律、勇敢等优秀品质。这些品质对于学生的人生观、价值观的形成具有重要的意义。

（四）促进全面发展

体育教育与德育、智育、美育等相互渗透，相辅相成。体育教育不仅可以锻炼学生的身体素质，还可以培养他们的审美情趣、道德素养和文化素养。通过全面发展，学生能够在德、智、体、美、劳各方面取得均衡进步，为未来的社会发展做好充分准备。

（五）培养终身运动习惯

体育教育旨在培养学生终身运动的习惯，使他们认识到运动对身心健康的重要性。养成运动习惯有助于提高学生的生活质量，预防"现代文明病"，增强抗压能力。在我国大力推广全民健身的背景下，体育教育发挥着至关重要的作用。

（六）激发竞技精神

体育竞技不仅是体能的比拼，更是意志和毅力的较量。通过参与体育活动，学生能够深刻体会到竞技的激情与魅力，培养出积极进取、永不言败的精神风貌。这种竞技精神不仅有助于学生在体育领域取得优异成绩，也能激励他们在学术和其他领域追求卓越。

（七）促进校园文化繁荣

体育活动是校园文化的重要组成部分。它为学生提供了丰富的课余生活，促进校园内部的交流与合作。通过参与体育俱乐部、比赛和活动，学生能够发展自己的兴趣爱好，展示自己的才华，为校园增添活力与色彩。

体育教育在学校教育中具有不可替代的作用。学校应充分发挥体育教育的重要性，加强对体育教育的投入与管理，提高体育教育的质量，为培养德智体美劳全面发展的新一代人才贡献力量。同时，家庭和社会也应关注和支持体育教育，共同为学生的健康成长创造良好条件。

第二节 学校体育教育的科学依据

一、体育教育的自然科学依据

体育教育在我国教育事业中占有举足轻重的地位，它的成功实施离不开自然科学的有力支持。

（一）生物学依据

1.运动生理学

运动生理学是研究人体在运动过程中生理功能和生理变化的学科。体育教育需要依据运动生理学的原理，制订合理的运动计划，确保学生在锻炼过程中充分发挥生理潜能，避免运动损伤。

2.运动心理学

运动心理学研究人在运动过程中的心理活动、心理特征和心理变化。体育教育应关注学生的心理需求，运用运动心理学的原理，激发学生的运动兴趣，提高运动效果。

（二）物理学依据

1.运动力学

运动力学研究物体在运动过程中的力学规律，为体育教育提供技术指导。体育教育中，教师需根据运动力学的原理，指导学生掌握正确的运动技巧，提高运动成绩。

2.生物力学

生物力学研究生物体力学性能和生物力学现象。在体育教育中，生物力学的应用有助于分析运动员的运动过程，优化运动技术，提高运动水平。

（三）医学依据

1.运动医学

运动医学研究运动对人体的影响，以及运动锻炼的方法和手段。体育教育应结合运动医学的理论，制定科学合理的运动锻炼计划，促进学生身心健康。

2.康复医学

康复医学关注运动损伤的预防和治疗，以及康复训练的方法。体育教育需要借鉴康复医学的知识，确保学生在运动过程中免受伤害，提高运动能力。

（四）环境科学依据

1.运动环境学

运动环境学研究运动场所、器材、气候等环境因素对运动的影响。体育教育需根据运动环境学的原理，选择适宜的运动场地和器材，确保运动安全。

2.运动气象学

运动气象学研究气象条件对运动锻炼和比赛的影响。体育教育应关注运动气象学知识，合理安排户外运动时间，提高运动效果。

体育教育工作者应充分运用这些自然科学原理，提高体育教育的科学性和有效性。同时，跨学科研究也为体育教育提供了更加广阔的发展空间，有待于我们进一步探索和实践。

二、体育教育的社会科学基础

体育教育作为教育领域的重要组成部分，其社会学基础在很大程度上决定了教学效果和质量。在全球化、信息化和社会转型的背景下，体育教育的社会学基础愈发显得重要。

（一）体育教育与社会学的关系

1.社会环境与体育教育

体育教育活动在社会环境中展开，受到政治、经济、文化等多种因素的影响。政治经济体制改革推动了社会结构的分化与重新整合的巨大变革，引起包含体育领域在内的同步改革。基础体育课程改革正是这一系列变革在教育领域的体现。

2.社会需求与体育教育

社会发展对体育教育提出了新的要求。随着人们生活水平的提高，对健康的需求日益增长，体育教育成为培养人才全面发展的重要途径。此外，社会对体育人才的需求也促使体育教育改革，以适应不断变化的社会需求。

3.社会心理与体育教育

社会心理是人们在特定社会环境中所形成的心理特征和行为模式。体育教育过程中，教师与学生之间的互动、学生之间的互动都受到社会心理的影响。了解和把握社会心理因素，有助于提高体育教育的效果。

（二）体育教育的社会学基础探析

1.人文关怀

体育教育应关注学生的个体差异，尊重学生的需求，倡导以人为本的教育理念。教师在教学过程中要关注学生的心理健康，培养学生的社会适应能力，使体育教育真正成为促进学生全面发展的重要手段。

2.社会互动

体育教育活动是一种社会互动过程，教师与学生、学生与学生之间的互动关系对教学效果产生重要影响。优化体育教育的社会互动环境，有助于提高教学质量和培养学生的团队合作精神。

3.社会角色

体育教育中的教师、学生分别扮演着不同的社会角色。明确各自角色定位，有助于规范教学行为，提高教学效果。

4.社会制度

体育教育的社会制度包括课程设置、教学大纲、评价体系等。完善体育教育制度，有助于保障体育教育的质量和效果。

体育教育的社会学基础是多方面的，了解和把握体育教育的社会学基础，有助于我们更好地开展体育教育工作，提高体育教育的整体水平。在新时代背景下，体育教育需要不断创新和发展，以更好地服务于社会和人才培养。

三、体育教育的心理学依据

体育教育不仅关注学生的身体健康，还关注学生的心理健康。心理学作为一门研究人类心理现象和规律的科学，为体育教育提供了理论指导和实践支持。

第五章　学校体育教育原理

（一）体育教育的心理学原理

1. 需求层次理论
美国心理学家马斯洛提出的需求层次理论认为，人的需求分为五个层次，从低到高分别为生理需求、安全需求、社交需求、尊重需求和自我实现需求。在体育教育中，教师应关注学生的需求层次，满足他们在运动中获得的生理、心理和社会需求，激发他们的学习兴趣和积极性。

2. 激励理论
激励理论认为，人的动机来源于内在激励和外在激励。在体育教育中，教师要善于运用激励手段，激发学生的内在动机，使他们主动参与体育活动。同时，合理运用外在激励，如表扬、奖励等，有助于巩固学生的学习动机，提高体育成绩。

3. 情感教学理论
情感教学理论强调，情感在教学过程中具有重要作用。体育教育不仅要关注学生的技能和体能发展，还要关注他们的情感需求。教师要创设积极的情感氛围，使学生在愉悦的情感状态下参与体育活动，提高体育教育的效果。

（二）学生心理发展特点与体育教育心理学应用策略

1. 生理发展
青春期的孩子处于生理发育的关键时期，激素水平的波动和身体形态的变化可能导致学生心理上的不安和焦虑。在体育教育中应充分考虑学生的生理特点，合理安排运动项目和训练强度，避免过度训练对学生身体造成伤害。

2. 认知发展
青少年认知发展逐渐趋于成熟，对事物的理解能力和判断能力增强，但同时也可能出现过于自信、固执己见等现象。基于这一心理特点，通过体育教育，要引导学生掌握运动技能、规律和体育道德，提高学生的认知能力和判断能力。

3.情绪发展

学生情绪波动较大，容易受外界因素影响，情绪调节能力逐渐增强，但仍有待提高。所以在体育教育中，教师应关注学生情绪变化，引导学生正确处理成功与失败、竞争与合作等情境，提高情绪调节能力。

4.社会性发展

学生逐渐形成独立的人格，对社会规范和道德观念有了一定的认识，但人际交往能力仍有待提高。在学校体育活动中，教师要鼓励学生与他人合作、沟通和协调，提高其人际交往能力。

通过关注学生生理、认知、情绪和社交发展，体育教育将为学生健康成长提供有力支持。

（三）体育教育的心理学方法

1.个性化教学

个性化教学主张因材施教，关注学生的个体差异。在体育教育中，教师要了解学生的身体素质、运动能力和兴趣特长，制订有针对性的教学计划，使他们在适合自己的运动项目中得到全面发展。

2.合作学习

合作学习鼓励学生相互协作，共同完成体育任务。在体育教育中，教师可采用分组教学、竞技比赛等形式，培养学生的团队精神和协作能力。

3.反馈教学

反馈教学强调教师对学生体育表现的及时评价和指导。在体育教育过程中，教师要关注学生的动作要领、体能状况和心理状态，给予针对性的反馈，帮助他们纠正错误，提高运动水平。

第三节　学校体育教育的基本规律与原则

一、学校体育教育的基本规律

（一）认知规律

在体育教育过程中，遵循认知规律对于提高教育质量和提升学生综合素质具有重要意义。体育教育的认知规律是指在体育教育过程中，学生对运动技能、体育知识、运动价值观等方面的认知发展规律。认知规律包括感知、理解、应用、巩固和拓展五个阶段。在这五个阶段中，学生对体育知识的认知逐渐深入，运动技能逐渐熟练，运动价值观逐渐形成。

第一，感知阶段。在体育教育初期，学生通过观察、实践等方式对运动技能和体育知识产生初步认知。教师在此阶段应注重激发学生的兴趣，创造生动活泼的课堂氛围，引导学生积极参与体育活动。

第二，理解阶段。在学生对体育知识产生初步认知的基础上，教师应引导学生进行深入理解。此阶段教师应注重讲解体育理论，结合实践动作进行示范，帮助学生掌握运动技能和体育知识。

第三，应用阶段。在深入理解后，学生进入应用阶段。教师应设计有针对性的练习项目，使学生在实践中巩固所学知识，提高运动技能。

第四，巩固阶段。在应用阶段的基础上，学生需要进行反复练习，使所学知识得以巩固。教师在此阶段应关注学生的个体差异，制订因材施教的训练计划，确保学生掌握运动技能和体育知识。

第五，拓展阶段。在学生掌握基本运动技能和体育知识后，教师应引导学生进行拓展。此阶段教师可组织各类体育比赛、户外活动等，培养学生体育素养，形成积极的运动价值观。

遵循体育教育的认知规律，要求教师在教学过程中注重激发学生的兴趣，引导学生深入学习体育知识，提高运动技能，并在巩固和拓展阶段关注学生的个体差异，培养体育素养。

（二）人体生理机能活动能力变化规律

人体生理机能活动能力的变化规律是体育教育的重要规律之一，深入了解并充分遵循人体生理机能活动能力的变化规律，能够为体育教育实践提供科学依据。

人体生理机能活动能力是指在运动过程中，人体各器官、系统相互协作，完成特定运动任务的能力，它涵盖了力量、速度、耐力、协调性、灵敏性等多方面的身体素质，是评价个体运动能力的重要指标。提高人体生理机能活动能力，对于增强学生体质、提高运动水平具有重要意义。

体育教育中的人体生理机能活动能力变化规律主要表现在以下几个方面。

第一，负荷适应规律。在体育教育过程中，人体生理机能活动能力受到运动负荷的影响。适当的运动负荷能够刺激机体，促使生理机能逐步提高。然而，负荷过大或过小，都会影响生理机能的变化。因此，在体育教育中，教师需根据学生的实际情况，合理调整运动负荷，以达到最佳的锻炼效果。

第二，阶段性规律。人体生理机能活动能力的变化具有阶段性特征。在体育教育初期，学生生理机能水平的提高较快；随着练习的深入，提高速度逐渐减缓；在练习后期，生理机能水平的提高主要依赖于训练方法和手段的创新，以及学生自身潜能的挖掘。

第三，非线性规律。人体生理机能活动能力的变化并非线性增长，而是呈现出波浪式、非线性的特点。在体育教育过程中，学生可能会经历生理机能水平的波动，这是正常现象。关键在于如何把握波峰和波谷，使学生在短时间内提高生理机能水平。

第四，个体差异规律。每个学生在体育教育中的生理机能水平和发展潜力都有所不同。因此，在体育教育中，教师要充分考虑学生的个体差异，制定针对性的训练计划，发挥学生的优势，弥补不足，使每个人的生理机能水平得到最大程度的提高。

在体育教育中遵循人体生理机能活动能力的变化规律，要求体育教师根据这一规律选择合适的教学内容和方法，注重教学的科学性和系统性；适度调整运动负荷，既要保证学生生理机能水平的提高，又要避免过度疲劳带来的损伤；关注学生的个体差异因材施教，制定个性化的教学计划；合理安排恢复训练，促进学生生理机能的快速恢复。

二、学校体育教育的原则

（一）健康第一原则

在当今社会，健康已经成为人们追求美好生活的基础。对于成长中的青少年来说，健康更是不可或缺的财富。学校体育教育作为教育体系的重要组成部分，应当将健康放在首要位置。这不仅是体育教育的核心目标，也是评价体育教育质量的重要标准。为了贯彻健康第一的原则，学校体育教育需要从多个方面入手。比如，开展健康教育课程，让学生了解健康知识；设置个性化的锻炼目标，满足不同学生的需求；推广阳光体育活动，鼓励学生参与户外运动；建立健康档案，对学生的身体状况进行跟踪管理。此外，还可以通过合作与家庭、社区共同营造一个有利于学生健康的成长环境。将健康放在学校体育教育的首位，不仅是对学生个体负责，更是对社会负责的表现。

（二）个性化教育原则

个性化教育在体育教育中具有不可忽视的作用。随着教育理念的不断更新和学生需求的多样化，个性化教育已经成为体育教育发展的重要趋势。个性化教育能够充分挖掘学生的潜能，培养学生的兴趣和特长，促进学生个体的发展。根据相关研究，个性化教育可以显著提高学生的学习积极性和主动性，增强学生的自信心和创造力，进而提升整体教育质量。

在体育教育中，学生的个体差异是影响教育效果的重要因素。为了更好地满足学生的个性化需求，教育者需要根据学生的个体差异进行有针对性的教育。首先，教育者需要了解学生的身体状况、技能水平、兴趣爱好等方面的差异，并建立学生档案，以便更好地跟踪和评估学生的学习进展。其次，教育者需要根据学生的差异制订个性化的教学计划，例如针对不同技能水平的学生采用不同的训练方法，或者针对不同兴趣爱好的学生提供不同的运动项目选择。再次，教育者还需要根据学生的差异采用多样化的评价方式，例如除了传统的考试成绩外，还可以采用技能测试、自我评价、同伴评价等多种方式来全面评估学生的学习效果。最后，教育者还需要关注学生的心理差异，例如针对不同性格、情绪状态的学生采用不同的沟通方式，或者提供心理辅导等支持服务，以帮助学生更好地应对学习中的挑战和压力。

为了更好地实施个性化教育，教育者需要掌握一定的分析方法和工具。例如可以采用数据挖掘技术对学生的行为进行分析，以便更好地了解学生的学习习惯和需求；可以采用心理测评工具对学生的性格、情绪状态进行分析，以便更好地了解学生的心理特征；还可以采用专家系统等人工智能技术提供个性化的教学计划和训练方法等建议，以便更好地指导学生的学习和实践。

（三）适量性原则

适量性原则是指在体育教育过程中有意识地控制练习时间、强度和密度，防止过大的运动负荷造成学生过度疲劳或受伤。一定要在安全的前提下进行教学，在运动负荷的安排中遵循适量性原则，防止学生过度疲劳或过度兴奋，以免影响身心健康。具体而言，教学形式、内容、运动负荷都要符合适量性要求，在教学实施过程中具体要注意如下几点。

第一，合理调节负荷、节奏。根据学生的认知能力，一般在课堂教学前半部分可安排有一定认知难度的内容，比如新的或较难的动作，而后半部分则以难度较小或带有复习性质的内容为主。这样既保证了学生可以学习新内容，同时难度又不会过大，以免导致学生产生畏难情绪。从学生的情绪来看，应遵循循序渐进的原则来安排运动负荷，如果一上来就安排让学生情绪过度兴奋的内容，会影响新动作的学习和掌握，因此，可以在后半部分适当地让学生的情绪释放，自由练习。

第二，科学安排时间。在教学过程中，教师要对教学时间有合理的把

第五章　学校体育教育原理

握，教师讲解时间和示范时间的比例要适量。

第三，课前做好准备工作。没有专门室内教学场馆的学校，实施体育教育多是在户外，这需要教师提前对天气情况有所了解，同时还要确保场地和相应设施的安全，这些都要求教师在课前做好充分的准备工作。此外，教师还要根据季节和气温情况调整教学中的运动负荷。在炎热的夏季避开日照强烈的时间段，选择活动量小的内容；在寒冷的冬季可适当增加练习密度和运动负荷。

（四）趣味性原则

学校体育教育的趣味性原则是指在体育教育过程中，注重激发学生的兴趣和积极性，使学生在愉悦的氛围中体验运动乐趣，从而提高体育教育的效果。趣味性原则强调在体育教学中，教师要充分调动学生的主动性、创造性，引导他们自主参与体育活动，培养他们良好的体育素养。

趣味性原则与快乐教育理论密切相关。快乐教育理论认为，人在愉悦的氛围中学习，可以更好地发挥潜能，提高学习效果。体育教育同样如此，注重趣味性，让学生在享受运动的过程中，达到身心健康的目标。

在体育教育中贯彻趣味性原则时，教师要根据学生的年龄、性别、兴趣等特点，创新教学方法，使体育课程更具吸引力。例如，运用游戏教学、情景教学等方式，让学生在轻松愉快的氛围中锻炼身体。此外，体育课程内容要多样化，贴近学生的生活实际，满足学生的兴趣爱好。体育教师还要营造一个和谐、民主、包容的课堂氛围，关心爱护学生，尊重学生的个性差异，让学生在宽松的环境中自由发挥。

（五）全面发展原则

学校体育教育在培养学生的综合素质方面具有不可替代的作用。体育教育不仅是增强学生体质、提高身体素质的重要途径，更是培养学生意志品质、团队协作精神、创新能力的重要手段。通过体育教育，可以有效地促进学生的全面发展，提高其综合素质。

为了实现学生的全面发展，学校体育教育需要关注学生的身体、心理和社会适应能力等多个方面的发展，注重培养学生的综合素质，为学生的未来发展奠定坚实基础。通过体育教育培养学生的综合素质是一个多维度、多层次的过程。学校应该充分认识到体育教育的重要性和作用，加强体育课程建设和师资培训，为学生提供更加丰富、多样化的体育活动。同时，学生也应该积极参与体育活动，发挥自己的潜力和创造力，提高自己的综合素质。

（六）终身体育原则

终身体育是指人们在一生中不断进行体育锻炼和参与体育活动。它强调的是体育与生活的紧密结合，让体育成为人们生活中的重要组成部分。终身体育的意义对于学校体育教育尤为重要，因为它不仅关乎学生的身体健康和全面发展，还影响着他们未来的生活质量和幸福感。因此，学校体育教育应该贯彻终身体育原则，注重培养学生的终身体育意识，使他们养成长期锻炼的习惯，从而受益终身。

终身体育原则强调的是培养学生终身参与体育活动的意识和能力。在学校体育教育中，贯彻终身体育原则需要采取一系列措施。首先，学校应该注重体育基础知识和技能的传授，让学生掌握基本的运动技能和理论知识，为以后的体育活动打下坚实的基础。其次，学校应该注重体育兴趣的培养，通过多样化的教学方式和丰富的课程内容，激发学生的体育兴趣和热情，提高他们自主参与体育活动的意愿。最后，学校还可以通过组织各种体育竞赛和活动，让学生在比赛中体验运动的乐趣和挑战，增强他们的体育参与度和自信心。为了更好地实施终身体育原则，学校还应该加强与家庭、社区的合作，共同营造一个良好的体育氛围，提供更多的体育活动机会和资源，让学生在日常生活中也能够持续地参与体育活动，形成良好的运动习惯和生活方式。学校体育教育的原则，如图5-1所示。

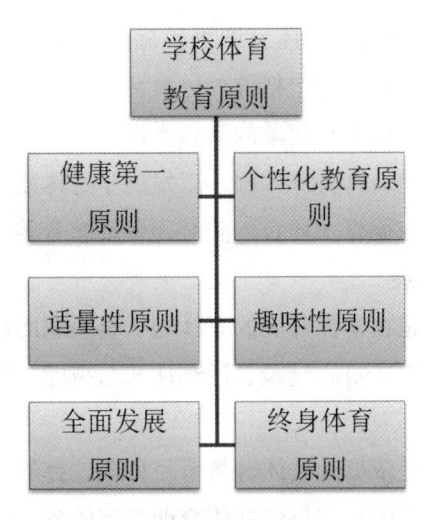

图5-1 学校体育教育的原则

第四节 学校体育课程论

一、学校体育课程的概念

作为学校课程的一个重要分支，体育课程与其他学科课程的概念存在本质上的不同。关于体育课程的概念，国内外学者提出了不同的观点，下面是比较具有代表性的观点。

第一，体育课程是一种特殊的教育性课程，主要目的是发展学生体能，增强学生体质，提高学生健康水平。体育课程作为学校课程的分支，与学校课程中的其他部分，如劳动教育课程、智育课程、德育课程及美育课程相辅相成，共同促进学生德智体美劳全面发展。

第二，体育课程是指为实现学校教育目标而规定的体育内容及其结构、程度和进程。体育课程既包括体育课程目标、体育课程内容、体育课程实施、体育课程评价等要素，也包括课外体育活动等延伸性内容。体育课程是全面发展教育类课程，而不是简单的学科类课程。

第三，体育课程是一种特殊课程，以发展学生体能、培养学生健康的身心素质为主要任务，与德育、智育、美育、劳动教育等共同构成学校全面教育，实现学校教育目标。

第四，体育课程是在学校开展的有计划、有组织的体育教育活动，通过该活动，旨在促进学生在身心健康、运动认知与技能、情感与社会适应等方面获得全面发展。

第五，体育课程是依据学校体育教育目标而选择的所有体育教育内容的总和。这里的体育教育内容不仅包括体育课堂上的教学内容，还包括课外开展的有计划性、组织性的活动内容，如日常课外体育活动、体育运动竞赛、体育社团活动等。

二、学校体育课程的特点

体育课程与学校其他课程相比，具有自身的独特性和重要性。其主要特点包括整体性、实践性、社会性、差异性、复合型和非阶梯性。

（一）整体性

体育课程具有整体性，主要是指课内与课外的统一。体育课程不仅包括课堂教学，还包括课外延伸，只有将课堂教学与课外活动有机结合起来，才能实现课程目标、提高课程实施效果。

（二）实践性

体育课程必须通过身体实践活动，并承受适量的运动负荷，以促进身体器官、机能的发展，提高身体素质；并通过实践活动掌握体育的知识、技能，培养团队精神、合作精神等，逐步培养对体育的兴趣及自觉锻炼的良好习惯。

（三）社会性

体育教学过程中自然会形成小集体、小社会，随时会出现如何适应"社会"的问题。

（四）差异性

体育教学受学生身体条件和性别的制约较之其他课程更为明显，因此更要讲究因人而异、因材施教，而且地理、气候、办学条件、体育传统等因素对课程的影响，也比室内教学为主的课程更为明显。

（五）复合性

体育课程融知识、技能、身体、精神及社会适应能力的培养于一体，既要提高身体素质，又要提高"智商"，这与其他课程相比也具有鲜明的特色。

（六）非阶梯性

体育课程的许多内容和手段在教学安排上没有明显的阶梯性，本身很难分出先后顺序。这一点与其他一些课程有很大不同。因此，体育课程体系必须按照体育课程特点，从小学到大学进行通盘考虑，以免顾此失彼（图5-2）。

图5-2 体育课程的特点

三、学校体育课程的目标

学校体育课程目标主要涉及五个方面,分别是运动参与方面、运动技能方面、身体健康方面、心理健康方面以及社会适应方面(图5-3)。

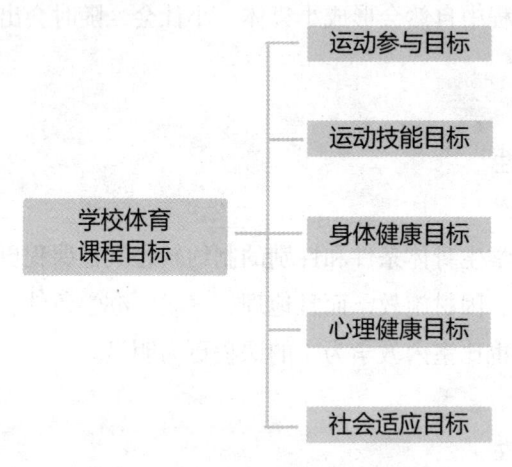

图5-3 学校体育课程目标的维度

下面简单分析这五个方面的目标。

(一)运动参与目标

(1)使学生树立终身参与体育锻炼的意识。
(2)使学生形成参与体育锻炼的健康生活方式与习惯,
(3)使学生掌握体育基本知识、专业知识,在此基础上有能力欣赏体育比赛。
(4)使学生具备制订个人体育运动处方的能力,

(二)运动技能目标

(1)使学生至少将两个运动项目的技能方法熟练掌握好,并基本了解其他运动项目。

（2）使学生能够通过科学锻炼而提升身体活动能力与运动水平。

（3）使学生学会对常见运动损伤进行急救处理。

（三）身体健康目标

（1）使学生掌握体能锻炼的理论知识与方法。掌握有效提高身体素质、全面发展体能的知识与方法。

（2）使学生掌握体质测评方法。

（3）使学生掌握运动营养、运动卫生和运动医务监督的知识，提高自我保健能力。

（四）心理健康目标

（1）使学生通过体育锻炼改善心态，提升心理健康水平。

（2）使学生在体育运动实践中体验成功与失败，从中对体育运动产生更全面与深刻的认识。

（3）使学生通过体育锻炼形成努力拼搏、乐观进取的人生态度。

（五）社会适应目标

（1）使学生拥有良好的思想素质和道德素质。

（2）使学生积极投入社会体育事业，为全民健身事业做出贡献。

四、学校体育课程的实施

学校体育课程的实施要点如下。

（1）以学校教育的总体方针和体育课的特征规律为依据，面向不同类型的学生开设具有普遍意义的、针对性强的、类型多样的体育课程，打破传统课程建制，创造新的课程组合方式，使不同性别、兴趣、运动水平的学生的体育需要都能得到充分满足。对特殊学生群体开设具有针对性的、以康复为目的的体育保健课程。

（2）在体育课程实施中，充分贯彻理论与实践相结合的原则，将体育理论知识渗透到实践教学中，不断创造新的教学方法和手段，促进学生体育认知能力的提升、知识面的拓展和实践能力的强化。

（3）将体育课堂教学与课外体育活动、校内课程教学与校外拓展课程等有机结合起来，重视体育课程的开放性、拓展性和延伸性，将运动训练、体育竞赛等纳入体育课程体系中，打造一体化、综合化的体育课程。

（4）在体育课程实施中使教师的主导作用和学生的主体作用最大程度地发挥出来，尊重学生的自主选课权，培养学生的运动兴趣和积极性，使其养成长期锻炼的好习惯。

五、学校体育课程的改革

当前体育课程面临诸多问题与挑战，其中最为突出的是学生体质下降和体育教育资源不足。相关数据显示，近几年来，我国青少年体质状况呈下降趋势，特别是在耐力、力量、视力等方面表现尤为突出。这主要是由于体育课程设置不合理、教学方法单一以及学生缺乏运动兴趣所致。此外，体育教育资源不足也是制约体育课程改革的重要因素之一。尽管近年来国家和地方政府加大了对学校体育设施的投入力度，但与实际需求相比仍存在较大差距。针对这些问题与挑战，体育课程改革应从多方面入手，加强学生体质监测与干预、优化课程设置、创新教学方法、提高教师素质，以全面提升体育教育的质量和水平。

（一）体育课程改革的目标

体育课程改革的目标是提高学生的体育素质和运动技能水平，促进学生的身心健康和全面发展。为实现这一目标，体育课程改革需要从课程设计、教学内容、教学方法、教学资源等方面进行全面优化和改进。课程设计需要更加注重学生的个体差异和兴趣爱好，教学内容需要更加贴近学生的实际需求和生活经验，教学方法需要更加注重实践和创新，教学资源需要更加丰富和多样化。同时，体育课程改革还需要建立科学的评价体系，对学生的体育学习成果进行全面、客观、准确的评价，为进一步改进和完善课程提供有力支持。

（二）体育课程内容的改革

1.体育课程内容的更新与优化

首先，体育课程内容要与时俱进。学校可以引入一些新兴的体育项目，如电子竞技、虚拟现实运动等，这些项目不仅能够激发学生的兴趣，同时也能够培养学生的团队协作和创新能力。另外，也可以根据社会的需求调整体育课程的内容，如增加健康管理、营养知识等方面的内容，帮助学生树立健康的生活方式。

其次，体育课程内容的优化要注重科学性和系统性。在体育课程内容的设置上，我们需要遵循科学的原则，根据学生的身心发展规律和运动技能形成规律安排课程。同时，还要注重体育课程内容的系统性和连贯性，建立起完善的课程体系，帮助学生逐步提高身体素质和运动技能。

最后，体育课程内容的更新与优化还需要注重实践性和趣味性。在体育课程中，要通过各种实践活动来培养学生的运动技能和身体素质，同时也需要注重课程的趣味性和互动性，激发学生的参与热情和积极性。例如，我们可以引入一些具有挑战性和趣味性的体育项目，如攀岩、滑板等，这些项目不仅能够提高学生的身体素质，同时也能够培养学生的勇气和自信心。

2.体育课程内容的多元化与个性化

体育课程内容的多元化与个性化是体育课程改革中的重要一环。在传统体育课程中，课程内容往往过于单一，缺乏多样性和个性化，不能满足不同学生的兴趣和需求。因此，在体育课程改革中，需要重视体育课程内容的多元化与个性化，以满足不同学生的需求和提高他们的参与度。

（三）体育课程实施方式的改革

体育课程实施方式的创新与实践是体育课程实施方式改革的重点。在传统体育课程中，教学方式往往以教师为中心，缺乏学生主体的主动参与和体验。为了提高体育课程教学效果，我们需要对实施方式进行创新。例如，可以采用翻转课堂的教学模式，让学生在课前预习和观看教学视频，课堂上则进行互动讨论和实践操作，这样能够更好地激发学生的学习兴趣和主动性。此外，还可以采用项目式教学法、游戏化教学法等创新教学方式，让学生在轻松愉快的氛围中掌握知识和技能。同时，也可以借助现代科技手段，如虚拟现实、增强现实等技术，为学生提供更加丰富多样的学习体验。

在实践方面，可以借鉴国内外先进的体育课程实施方式。例如，外国的体育课程注重学生的自主选择和个性化发展，通过多样化的课程设置和灵活的教学方式，激发学生的兴趣和潜能。同时，也可以结合我国的实际情况，探索适合我国学生的体育课程实施方式，如开设体育拓展课程，让学生在挑战自我、团队协作中提升综合素质；开展校园体育竞赛活动，让学生在竞技比赛中锻炼意志品质和团队协作能力。

为了保障体育课程改革的顺利开展，还要加强教师培训和队伍建设，提高教师的专业素养和教育能力。同时，还需要完善体育场地设施和器材条件，为学生提供良好的学习环境。此外，政策支持和宣传也是必不可少的，通过制定相关政策和加大宣传力度，可以提高社会和学校对体育课程的重视程度和支持力度，为体育课程改革提供便利。

第五节　新时期学校体育教材编写与师资建设

一、新时期学校体育教材编写

（一）新时期学校体育教材编写的重要性

1.适应教育改革的需求

适应教育改革的需求是新时期学校体育教材编写的重要驱动力。随着教育改革的不断深入，对于体育教材的编写也提出了更高的要求。为了更好地适应教育改革的需求，学校需要从多个方面对体育教材进行改进。首先，要注重教材的实用性和趣味性。在编写教材时，要充分考虑学生的兴趣和需求，将传统体育与现代体育相结合，增加教材的趣味性和互动性，激发学生的学习兴趣和积极性。其次，要注重教材的创新性和前瞻性。随着科技的发展和社会的进步，体育学科也在不断发展和创新。在编写教材时，要紧跟时代潮流，将最新的科技成果和教学理念融入到教材中，同时要注重培养学生的创新意识和实践能力，提高学生的综合素质。最后，要注重教材的多样性和个性化。每个学生都有自己的特点和优势，在编写教材时，要充分考虑学生的差异性和个性化需求，采用多样化的教材内容和教学方式，满足不同学生的需求。

2.提升学生综合素质

体育教材不仅是传授体育知识和技能的载体，更是培养学生综合素质的重要工具。在教材编写过程中，应注重学生的全面发展，通过选编和设计恰当的教材内容和形式，激发学生的体育兴趣和热情，提高学生的体育素养和综合能力。例如，在教材中可以增加一些团队合作的体育项目，让学生在参与中学会合作、沟通和协调，提高学生的团队协作能力；还可以增加一些具有挑战性的体育项目，让学生在挑战中锻炼意志品质和抗压能力。此外，体育教材的编写还应注重学生的个性化发展，根据不同年龄、性别和兴趣的学生群体，选编有针对性的教材内容，以满足学生的个性化需求。

3.促进体育学科的发展

促进体育学科的发展是新时期学校体育教材编写的重要目标之一。为了实现这一目标，教材编写应该注重体育学科知识的系统性和完整性，同时要结合当前体育学科的发展情况和未来发展方向进行编写。教材编写还可以借鉴国际先进的体育教育理念和教学方法，以提高我国体育教育的国际竞争力。

（二）体育教材编写的原则

1.科学性和系统性原则

在编写新时期学校体育教材时，科学性和系统性原则至关重要。科学性原则要求教材内容必须以科学理论为依据，确保知识准确无误。系统性原则则要求教材内容组织严密，各章节之间逻辑清晰，形成一个完整的课程体系。为了实现这一目标，首先，教材编写者需要对相关学科领域进行深入研究，收集最新研究成果和教学经验，确保教材内容与时俱进。其次，要对教材内容进行系统规划，按照学科体系组织章节，确保知识结构的完整性和系统性。最后，可以采用多种教学方法和手段，如案例分析、实践操作等，以帮助学生更好地理解和掌握知识。

2.实用性和趣味性原则

在编写新时期学校体育教材时要贯彻实用性和趣味性原则。实用性原则要求教材内容贴近实际，能够满足学生的实际需求，同时也符合体育学科的教学目标。例如，教材中可以增加一些实用的健身方法，让学生能够将所学知识应用到实际生活中，提高自我锻炼的能力。趣味性原则则要求教材内容生动有趣，能够吸引学生的注意力，激发他们的学习兴趣。比如，可以采用图文并茂的排版方式，加入一些有趣的插图和漫画，或者采用案例分析、故事情节等多样化的表现形式，使教材更加生动有趣。

3.创新性和前瞻性原则

在编写新时期学校体育教材时还要遵循创新性和前瞻性原则。遵循创新性原则要求教材内容要新颖、有创意，能够反映最新的体育发展趋势和教育理念。同时，教材的呈现方式也可以创新，如采用多媒体、网络等多元化的方式，提高学生的学习兴趣和参与度。遵循前瞻性原则要求教材内容要具有预见性和引导性，能够引领体育学科的发展方向，这对教材编写者的前瞻性思维和视野提出了较高的要求，编写者应能够从宏观的角度审视体育教育的未来发展，为教材内容的更新和完善做出贡献。

（三）学校体育教材编写的展望

随着体育教育改革的深入推进，体育课程设置和教学要求也在不断变化，需要教材编写者不断更新观念，紧跟改革步伐。不仅如此，学生群体的需求和兴趣也在不断变化，如何满足不同年龄段、不同兴趣爱好的学生的需求，是教材编写者需要思考的问题。此外，体育学科的发展也需要教材编写者不断更新知识体系，将最新的研究成果和教学经验融入到教材中。为了应对这些挑战和问题，教材编写者需要定期开展调研活动，了解学生和教师的需求和反馈，同时要加强与国内外同行的交流与合作，吸收先进的教学理念和教学方法，并建立完善的评价体系，对教材的质量进行科学评估和反馈，不断完善和优化教材内容。

随着科技的进步和社会的发展，未来的学校体育教材编写将更加注重数字化和个性化。数字化技术将为教材编写提供更多的可能性，例如虚拟现实（VR）和增强现实（AR）技术可以让学生通过沉浸式体验来学习体育技能，同时也可以通过大数据和人工智能（AI）技术来分析学生的学习情况，为教材编写提供更加精准的依据。此外，随着社会对个性化教育的重视，未来的教材编写将更加注重个性化，以满足不同学生的需求。

二、体育师资建设

体育师资建设是体育教育改革的重要组成部分，对提升体育教育质量、促进学生身心健康具有至关重要的作用。体育师资队伍的素质和能力直接影响到学生的体育学习质量，优秀的体育师资可以显著提高学生的体育成绩和身体素质，同时还可以增强学生的自信心和团队协作能力。此外，体育师资建设还可以促进教育公平，为不同地区、不同层次的学生提供更好的体育教育资源，缩小教育差距。因此，加强体育师资建设是当前体育教育改革发展的迫切需求。

（一）提升体育师资队伍的素质与能力

提升体育师资队伍的素质与能力是体育师资建设的核心策略之一。为了实现这一目标，需要采取一系列措施。首先，加强体育师资的职前培养和在职培训是必不可少的。通过系统的专业课程学习和实践经验积累，提高体育师资的理论水平和教学实践能力。其次，定期开展在职培训和研讨会，使体育师资能够不断更新知识和教学方法，以适应教育发展的需要。

体育师资的素质与能力除了包括专业知识和教学能力外，还包括良好的师德师风、沟通能力、组织能力和创新能力等。师德师风是体育师资的基本素质，能够影响学生的学习态度和价值观。而良好的沟通能力则有助于体育师资与学生的互动和交流，提高教学效果。同时，组织能力和创新能力也是体育师资不可或缺的素质。因此在体育教师素质与能力的培养中要全面认识体育教师应该具备的素质和能力，以确保培养的全面性。

（二）优化体育师资的招聘与选拔

优化体育师资的招聘与选拔是体育师资建设中的重要一环。为了更好地吸引和选拔优秀的体育师资，首先，要制定科学的招聘标准，确保选拔的人才具备专业素养和教学能力。其次，要拓宽招聘渠道，不仅局限于高校和体育专业机构，还要通过网络、社交媒体等途径广泛招募人才。再次，要完善选拔程序，采用面试、试讲、实际操作等多种方式全面评估应聘者的能力。同时，要建立人才数据库，对优秀的人才进行跟踪和储备。最后，要加强与高校和职业俱乐部的合作，共同培养和输送优秀的体育师资人才。

在优化体育师资的招聘与选拔过程中，还需要注意一些关键因素。首先，要确保选拔标准的公正性和透明度，避免主观干扰和歧视现象。其次，

第五章 学校体育教育原理

要注重应聘者的综合素质和多元化背景。再次，要给予新入职的体育师资充分的培训和指导，帮助他们快速适应教学环境和学生需求。最后，要建立有效的反馈机制，及时了解体育师资的工作表现和问题，进行有针对性的指导和支持。

为了评估优化体育师资的招聘与选拔的效果，可以采用多种指标进行衡量。例如，可以统计新师资的学历、专业背景、教学经验等数据，分析其是否符合学校的招聘标准和发展需求。同时，可以跟踪新入职体育师资的教学表现和学生反馈，了解其在教学实践中的表现和效果。此外，可以比较优化招聘与选拔前后的体育师资质量和学生满意度，评估其对于整体教学质量的影响。

（三）加强体育师资的培训与进修

加强体育师资的培训与进修是提升体育师资队伍素质与能力的重要途径。为了更好地推进体育师资建设，学校要对培训与进修进行精心设计和实施。首先，我们需要制定科学的培训计划，针对不同层次、不同需求的体育师资，设置不同的培训课程和内容，以满足个性化需求。其次，还要采用多样化的培训形式，包括线上培训、线下培训、集中培训、分散培训等，以适应不同时间和地点的需求。最后，学校还要建立完善的培训评估机制，对培训效果进行跟踪和反馈，不断优化培训内容和形式。

为了更好地评估培训与进修的效果，学校可以采用一些科学的评估方法。例如，通过问卷调查、访谈和观察等方法，收集体育师资对培训与进修的反馈意见和建议，了解他们的实际需求和变化。同时，学校还可以建立数据库和模型，对培训与进修的效果进行定性和定量分析，为进一步优化培训与进修提供科学依据。

总之，加强体育师资的培训与进修是推进体育师资建设的重要环节。通过制定科学的计划、采用多样化的形式、建立完善的评估机制，并借鉴成功案例和科学的评估方法，来不断提升体育师资的素质与能力，从而为推进体育事业的发展提供有力支持。

（四）完善体育师资的评价与激励机制

为了更好地激励体育师资队伍的发展，需要建立一个科学、公正、合理的评价体系，以及相应的激励机制。

首先，在评价方面，可以采用多维度评价体系，包括教学能力、科研成果、学生满意度等多个方面。同时，应注重过程评价和结果评价的有机结合，确保评价的客观性和准确性。例如，可以采用层次分析法、模糊综合评价法等分析模型，对体育师资进行全面、客观的评价。

其次，在激励机制方面，可以通过薪酬激励、晋升激励、荣誉激励等多种方式，激发体育师资的工作积极性和创造力。例如，可以设立优秀体育教师奖励制度，对表现优秀的体育教师给予一定的物质奖励和精神奖励，从而激励他们更好地发挥自己的潜力。

第六章 学生体育学习原理

体育学习与其他学科的学习存在很大的区别，其他学科的学习主要是通过思维活动来完成的，而体育学习是以思维活动为基础，以身体活动为主要手段来完成的。因此，体育学习的原理与其他学科的学习原理也有一定的差异。结合体育学科的特性分析体育学习原理，能够为学生顺利进行体育学习、提高体育学习效率和质量奠定基础。本章主要从体育学习基本理论、体育知识学习、体育技能学习以及学生体育学习能力的培养四个方面探讨学生体育学习原理。

第一节 体育学习基本理论

一、体育学习的概念

有学者指出，体育学习是指学生在体育教师有目的、有计划、有组织的指导下，通过体育知识、技术和技能的获得、内化而产生的身心变化过程。但这一论述只限于学校体育的学习行为，并没有涉及自学的行为。体育学习的过程必须有指导者和学习者,但是学习的指导者不一定是外显的,也可以是潜在的。如学习者进行自学的学习材料的编写者就是潜在的指导者。因此,体育学习是指学习者在学习指导者的指导下,通过体育知识、技术和技能的获得与内化而产生的身心变化过程。[1]

二、体育学习的特征

(一)实践性

体育学习的核心在于实践,这是体育学习的基石。通过亲身体验各种运动项目,学习者能够掌握运动技巧,提高身体素质。实践性使体育学习具有很强的针对性和实用性,它像一面镜子,迅速反映出学习者在运动能力上的进步与不足。实践性不仅强调运动的技能学习,更注重学习者在实践过程中的体验和感悟,从而提升他们的运动素养。

(二)动态性

体育学习是一个动态的过程,它需要学习者在不断尝试、摸索和总结中,逐步提高运动水平。动态性要求学习者具有持之以恒的毅力和积极进取的精神。这种过程不仅是运动技能的提升,更是学习者意志品质的磨砺,使他们能够在面对困难和挑战时,保持积极的心态,勇往直前。

(三)技能性

体育学习注重学生运动技能的培养,要求学生在掌握基本运动技能的基础上,不断提高自己的专项运动技能水平。体育学习强调技能的熟

---

[1] 杨霆,颜民.体育学习原理[M].桂林:广西师范大学出版社,2005:84.

第六章　学生体育学习原理

练性和竞技性，使得学生在体育活动中展现出较高的运动水平。通过不断练习和竞技，学生可以更好地体验到体育运动的乐趣，激发自己的潜能。

（四）多样性

体育学习内容丰富多样，包括球类、田径、游泳、武术等众多项目。这种多样性特征满足了不同学生的兴趣和需求，使他们在自己喜欢的项目中发掘潜能、锻炼身体。同时，多样性特征还为学生提供了广泛的选择空间，使他们在体育学习中不断尝试新项目，丰富自己的体育素养。

（五）综合性

体育学习具有很强的综合性，它不仅局限于单一的运动项目，还涵盖了健康知识、体育道德、心理素质等多方面的内容。综合性使体育学习具有广泛的应用价值，有助于培养全面发展的人才。体育学习就像一个万花筒，它将各种知识融合在一起，为学习者提供了一个全面发展的平台。

（六）竞技性

体育学习中的竞技性体现在体育竞赛和体育比赛中。通过参加竞技活动，学习者可以检验自己的运动水平，激发潜能，培养团队协作精神和竞争意识。竞技性不仅能够提高学习者的运动能力，还能够培养他们的心理素质，使他们在面对压力和挑战时，能够保持冷静，积极应对。

（七）个性化

体育学习具有很强的个性化特点，因为每个人的身体素质、运动能力和兴趣爱好都有所不同。个性化体育学习要求教师和教练因材施教，制订合适的训练计划，以提高学习效果。这种个性化教学方式，能使学习者在适合自己的环境中，发挥出最大的潜能，提高他们的运动水平。

体育学习的特征如图6-1所示。

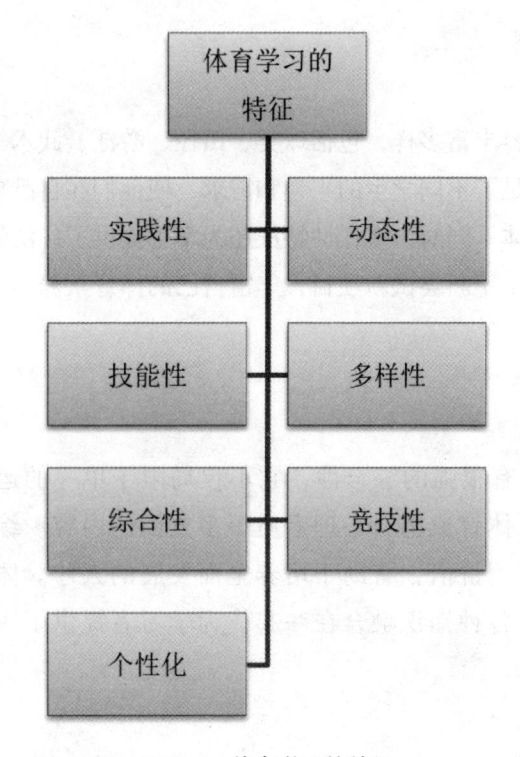

图6-1 体育学习的特征

三、体育学习的内容

王文生在其《体育教学论·体育方法学·中学体育教材教法》一书中将体育学习的内容分为体育知识学习、体育技能学习、体育能力学习和体育情感、态度和习惯等学习四大类别，如图6-2所示。

第六章　学生体育学习原理

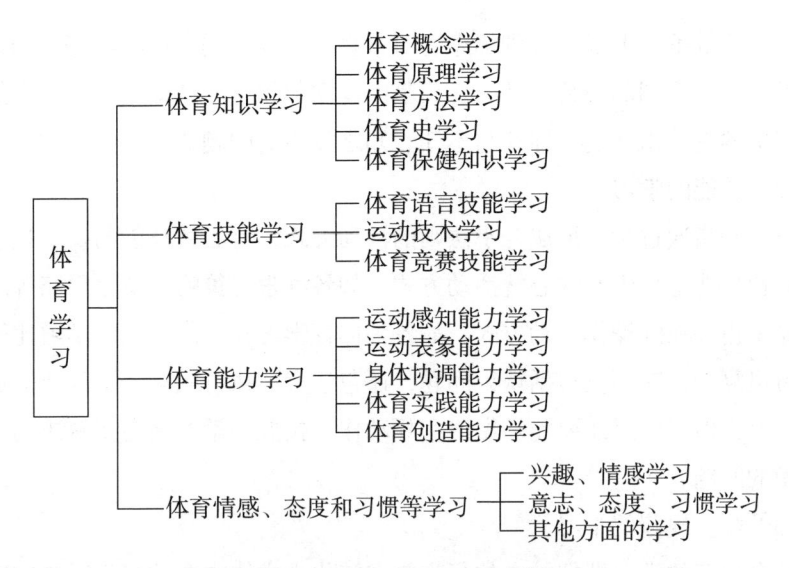

```
                    ┌─ 体育概念学习
                    ├─ 体育原理学习
         ┌─ 体育知识学习 ─┼─ 体育方法学习
         │          ├─ 体育史学习
         │          └─ 体育保健知识学习
         │
         │          ┌─ 体育语言技能学习
         ├─ 体育技能学习 ─┼─ 运动技术学习
体       │          └─ 体育竞赛技能学习
育       │
学       │          ┌─ 运动感知能力学习
习       │          ├─ 运动表象能力学习
         ├─ 体育能力学习 ─┼─ 身体协调能力学习
         │          ├─ 体育实践能力学习
         │          └─ 体育创造能力学习
         │
         │                      ┌─ 兴趣、情感学习
         └─ 体育情感、态度和习惯等学习 ─┼─ 意志、态度、习惯学习
                                └─ 其他方面的学习
```

图6-2　体育学习的内容[①]

四、体育学习的分类

（一）一般学科学习的分类

学习现象极其复杂，既涉及学习者内部的过程又涉及外部的影响，既有内容问题又有形式问题，既有简单的学习形式又有复杂的、高级的学习形式。因此，为便于对它进行分析和研究，有必要对学习技能类型分类。由于研究者的理论观点和分类角度、标准多种多样，学习的分类方法也不一致。

1. 依学习内容划分

（1）知识的学习

知识是客观事物的特征与联系在人脑中的主要表征，可以表现为概念、

---

① 王文生.体育教学论·体育方法学·中学体育教材教法[M].桂林：广西师范大学出版社，2000：74.

命题、图式等不同形式，分别标志着对事物反映的不同广度与深度。知识的学习即通过一系列的心智活动，在头脑中建立起相应的认知结构。知识的学习要解决的是认识问题，即知与不知、知之深浅的问题。

（2）技能的学习

技能是指通过学习形成合乎法则的活动方式，有心智技能与操作技能两种。心智技能是指内心的心智活动方式，如各种学习策略、解题思路等。操作技能是指外在的操作活动方式，如各种体育学习技能。技能的学习比知识的学习更复杂，它不仅包括认识问题，还包括实际执行问题。不仅要知道做什么、怎么做，同时还要能够做出实际动作。技能的学习最终要解决的是会不会做的问题。

（3）社会规范的学习

社会规范的学习即把外在的行为要求转化为主体内在的行为需要的内化过程。这种学习既包括对社会规范的认识问题，又包含执行及情感体验等问题，因此比知识、技能的学习更为复杂，是人类所独有，并且在生活实践中不断发展的。

2.依学习结果划分

根据学生的学习结果，美国教育心理学家加涅提出如下分类：

（1）言语信息的学习

言语信息的学习是指学生学习以语言文字传递的内容，或学生的学习结果是能以语言文字表达出来的知识。如能记忆诸如事物的名称、符号、地点、时间、定义，对事物的具体描述等具体的事实，并能在需要时将这些事实表述出来。言语信息的学习是进一步学习的先决条件，是培养智慧技能的基础。

（2）智慧技能的学习

智慧技能的学习是指学生学习运用符号办事的能力。言语信息是回答"是什么"的知识，而智慧技能则与知道"怎么办"有关。它对学生的能力要求主要是理解和运用概念和规则进行逻辑推理。加涅又将智慧技能分为五个亚类，由简单到复杂，由低级到高级构成一个层次关系，即辨别、具体概念、定义性概念、规则和高级规则。例如，如何把分数转换成小数，怎样将名词、动词等构成符合句法规则的句子等都属于此类。

第六章 学生体育学习原理

（3）认知策略的学习

认知策略的学习是指学生学习对内控制和调节自己认知活动的特殊认知技能，包括用以支配自己的注意、学习、记忆和思维的技能。学习者的认知策略指挥他自己对环境中的刺激物予以一定的注意，对学习的事物进行选择和编码，对学习习得进行检索。作为认知策略学习的结果，学习者能根据过去所习得的规则，经过内在思考过程而创造新的或更高层次的规则，提出解决问题的方案。总之，认知策略是学习者操纵管理自己学习过程的方式，是学生学会如何学习的核心成分。例如，如何提高自己的注意力，怎样能记得又快又准等属于此类。

（4）动作技能的学习

动作技能实际上有两种成分：一是如何描述进行动作的规则，即动作的程度；二是因练习与反馈逐渐变得准确和连贯的实际肌肉运动。因此，动作技能是一种习得能力，如体操技能、绘图技能、操作仪器设备技能等属于此类。

（5）态度的学习

态度的学习是指学习获得决定个人行为选择的内部状态。如形成对学习、劳动的正确态度，培养良好的品德等。

加涅提出的五种学习结果又可分为三个领域，其中前三种属于认知领域，第四种属于动作技能领域，第五种属于情感领域。将人类学习分成认知、动作技能和情感三个领域，是美国心理学家布卢姆于20世纪六十七十年代提出的，这为后来研究学习的分类提供了重要的理论依据。

加涅的学习结果分类已得到国际学术界的公认（见表6-1）。由于学校教育目标也就是预期的学习结果，因此这一分类对于教师帮助学生学习，更好地设计和组织教学，具有重要的现实意义。

表6-1　加涅的学习结果分类[1]

学习结果	行为样例
言语信息	陈述奥林匹克运动的宗旨
智慧技能	在观看一场足球比赛时，指出哪些行为属于违规行为
认知策略	归纳有氧运动对控制体重的作用
动作技能	熟练完成一套健美操，动作优美、流畅
态度	选择跑步作为锻炼的经常形式

3.依学习现象分类

美国认知教育学家奥苏伯尔针对认知领域中的学习现象，将学习按照两个维度进行划分。

（1）按学习进行的方式分类

一个维度是学习进行的方式，分为接受学习和发现学习。接受学习是将别人的经验变成自己的经验，所学习的内容是以某种定论或确定的形式通过传授者传授的，无需自己去独立发现。学习者将传授者呈现的材料加以内化和组织，以便在必要的时候再现或加以利用。发现学习是在缺乏经验传授的条件下，个体自己去独立发现、创造经验的过程。

（2）按学习材料和学习者原有知识的关系分类

按学习材料和学习者原有知识的关系，分为机械学习和有意义学习。有意义学习是学习者利用原有经验来进行新的学习，理解新的信息。机械学习是在缺乏某种先前经验的情况下，靠死记硬背进行学习。

这两个维度彼此独立、互不依赖。此外，每一个维度中还存在过渡形式。这样，认知领域中的所有学习现象就可以被分别归入学习的两个维度的组合之中。

在上述分类中，有两点需要明确。首先，接受学习既可以是机械的，也可以是有意义的。在理解的基础上的接受就是有意义的，反之就是机械的。

---

[1] 周绍良，杨志成，林学仁，陈永利.学生体育学习方式研究[M].天津：天津教育出版社，2004：83.

第六章　学生体育学习原理

因此，不应将接受学习与被动的机械学习等同起来。同样，发现学习中也存在着有意义与机械之分。动物通过盲目地尝试与试误获得某种经验，属于发现的机械学习，而科学家的发明创造则是有意义的发现学习。其次，接受学习与发现学习并不截然对立。接受学习为高水平的发现与创造提供必要的知识和技能准备。历史上科学的重大发明与发现，都是在接受前人经验和教训的基础上产生的，这就是一个有力的事实证明。

（二）体育学习的分类

结合体育学习的特殊性，可以对体育学习进行如下较为细致的分类。

1.动作技能分类

运动技能可以细分为以下几类。

（1）知觉

知觉是指运用感官获得信息，了解与某动作技能有关的知识、性质、功用，以便指导动作。

（2）准备

准备是指对稳定的活动的准备，包括心理定向、生理定向和情绪准备（愿意活动）。知觉是其先决条件。

（3）有指导的反应

有指导的反应是指能在教师的指导下表现有关的动作行为，包括模仿和尝试错误。例如，能模仿教师的动作进行学习，在教师引导下进行试误练习，直到形成正确的动作等。

（4）机械动作

机械动作是指经过一定程度的练习，学习者的反应已形成习惯，能熟练和自信地完成动作。

（5）复杂的外显反应

复杂的外显反应是指包含复杂动作模式的熟练动作操作。操作的熟练性以准确、迅速、连贯协调和轻松稳定为指标。

（6）适应

适应是指此阶段练就的动作技能具有应变能力，学习者修正自己的动作模式以满足具体情境的需要,这是高度的发展水平阶段。

(7)创作

创作是指学习者在学习某动作技能的过程中形成了一种创造新的动作技能的能力,强调以高度发展的技能为基础进行创造。

需要说明的是,这一分类是对布卢姆学习领域分类理论的补充。虽然布卢姆曾将学习分为认知、动作技能和情感三大领域,但他本人只对认知领域进行了更深入的分类。因此,应将上述分类视为学习领域中的一个子领域。

2.对体育学习结果的分类

美国海德洛特把体育学习结果分为认知、情感、运动技能和增强体质四个方面。他将每类又分成"最重要、次之、再次之、最不重要"等内容(表6-2),并由此提出增进健康和运动技能的掌握比让学生在运动技术和身体素质方面达到较高水平更为重要。

表6-2 海德洛特的体育学习分类[①]

目标	希望达到的结果	主次排列
认知	1.了解身体活动和健康之间的关系 2.了解活动规律 3.了解运动的基本要求 4.了解运动的基本方法和生理机制	最重要 次之 再次之 最不重要
情感	1.加强自我意识和自我理解 2.培养和别人较好相处的能力 3.渴望有规律地参加活动和竞赛 4.成为一名较好的观众	最重要 次之 再次之 最不重要
运动技能	1.培养参加娱乐活动的能力 2.在活动中提高运动技术水平 3.为了娱乐目的,培养运动能力 4.达到较高的运动技术水平	最重要 次之 再次之 最不重要

[①] 周绍良,杨志成,林学仁,陈永利.学生体育学习方式研究[M].天津:天津教育出版社,2004:85.

续表

目标	希望达到的结果	主次排列
增强体质	1.渴望获得和保持健康所必要的身体素质水平 2.使身体素质水平得到完善 3.达到健康所必要的身体素质水平 4.身体素质达到高水平	最重要 次之 再次之 最不重要

海德洛特对体育学习结果进行的分类，也往往被视为对体育教学目标的分类。事实上，对体育学习进行分类研究，其意义也正在于它对体育课程内容与教学目标设计所具有的理论价值。

第二节 体育知识学习

一、体育知识的作用

体育知识的作用主要体现在三个方面。

（一）有利于形成正确的体育观念

一直以来，人们对体育的认识存在一定的偏差，原因在于人们对体育知识的掌握很贫乏。随着社会的进步，现代科技的发展以及体育科学研究的不断深入，特别是体育功能研究的全面深入，人们的体育价值观发生了深刻的变化，突破了以往体育观上单一的生物观念，向着生物、心理、社会三维的体育观转变。体育不仅具有生物价值，而与教育、社会、心理、文化、竞技、娱乐、健康和现代生活有着密切的联系。体育对于促进人们身心健康、协调发展具有全面的功效。

（二）有利于掌握科学的健身原理与方法，促进健康

体育的众多学科，如运动解剖学、运动生理学、运动生物化学、体育保健学、运动生物力学、运动营养学、体育锻炼原理与方法等学科使人们对自身器官系统的形态结构、生理机能、生化指标以及运动前后的变化有所了解，对运动项目的技术特点有所认识，对合理膳食、补充营养以及对常见疾病的预防知识有所掌握，这些知识无疑为科学健身提供了理论基础和方法。

（三）有利于科学指导体育实践

体育的众多学科有大量处理具体事物的方式、方法的知识，对于体育实践活动，无论是健身运动、群众体育的开展，还是体育教学和训练都具有指导意义。

二、体育知识学习的类型

（一）体育具体知识的学习

体育具体知识是指体育领域中具体的事实或信息，是体育工作者在交流、理解以及系统组织其专业领域时必须使用的要素。体育具体知识对体育工作者通常是很有用的，在用途或者应用对象发生变化时，它们几乎不必或根本不必再做改动。对于学生来说，这也是必须掌握的知识。这种具体知识通常是以代表具体指称物的符号来表示的，它们在很大程度上处于较低的抽象水平。体育具体知识又可以分为体育术语知识和体育具体事实知识。

1. 体育术语知识

有关体育中具体的言语或非言语符号的指称物的知识都是体育术语知识。它包括最为普遍公认的符号的指称物的知识，用来表示单一指称物的各种符号的知识，或者最适合于某种符号的特征指称物的知识。体育术语很

第六章　学生体育学习原理

多,比如乒乓球中的"削球""中台""反手弧圈球"等都是体育术语,再比如学校体育学中的"体能""体质""身体素质"也属于体育术语。体育术语是体育领域中最基本的知识,学习者必须熟悉和掌握这类知识,了解那些大家公认的定义或它们所具有的含义。

对于学生来说,应该通过揭示各种体育术语的特征、属性或关系,理解体育专业术语;辨别体育词汇的指称物,并具有确定一个体育术语可能有的意义的能力;掌握体育科学研究中特有的术语和概念方面的知识;掌握各体育学科中专门术语的定义等知识。

2.体育具体事实知识

有关日期、事件、人物、地点、信息来源等方面的知识都是体育具体事实知识。

在体育专业领域有大家所熟知的大量日期、事件、人物、地点、研究成果等,它们都属于体育具体事实知识。同时,体育具体事实知识还包括涉及具体专题和问题的有关书籍、论文以及信息来源方面的知识。比如体育知识体系由许多学科群组成,每一学科群又由很多学科构成,这些学科的相关书籍和论文都是体育具体事实知识。再比如,要了解短跑技术的运动学和动力学特征,应该从《运动生物力学》中查找,而不是从《运动生理学》中查找,这也属于体育具体事实知识。

这里对学生的学习要求是:能对体育文化、体育项目的主要事实进行回忆;熟知体育各学科中一些比较重要的人名、地名和事实;一些人体运动营养事实方面的实用知识;对学校体育某些特定时期的回忆和再认;对人体运动器官系统形态结构的认识等。

(二)处理具体事务的方式、方法知识的学习

每个学科领域都有一系列技巧、准则、分类和形式,这些都属于方式、方法的知识。比如裁判竞赛规则,发展体能原则,体育教学、训练原则等都属于这一类知识。方式、方法的知识与具体的知识是有区别的,方式、方法是指过程而不是指结果。它们更多地反映了在体育领域专业工作人员思考和解决问题的过程,而不是这种思维或解决问题的结果。

处理具体事物的方式、方法的知识包括惯例的知识、趋势和顺序的知识、分类和类别的知识、准则的知识、方法论的知识。

1.惯例的知识

惯例的知识是指对待和表达观念与现象的独特方式的知识。体育惯例知识是体育领域中的一些惯用法、风格或习惯方面的知识。比如：在跳远项目裁判执法时，一般用白旗表示试跳成功，红旗表示试跳失败；在运动生物力学中通常用力速曲线图来表示肌肉收缩速度—力量之间的关系。这些都属于惯例的知识。

体育惯例知识的学习目标是要使学生了解体育行为规范，掌握体育各学科中用图示、符号、表格等表达知识的方式。

2.趋势和顺序的知识

趋势和顺序的知识是指各种现象在时间上的过程、方向和运动的知识。体育及体育各学科的发展趋势、发展过程，体育现象各要素之间的相互关系和相互影响等都属于趋势和顺序的知识。

对于体育趋势和顺序等知识的学习，我们以体育这一社会活动来说明。学生应了解体育的产生、发展和未来的趋势，了解体育与政治经济文化的关系和相互作用，掌握体育与人的身心发展的相互关系，等等。学生应通过其他学科的学习了解和掌握相应的知识。

3.分类和类别的知识

分类和类别的知识是指类别、组别、部类及排列的知识，这类知识是十分重要的或非常有用的。因为当我们对某一学科领域、问题或论题的研究到达一定程度时，编制分类系统和类别有助于组织各种现象并使之系统化。在体育领域中，各学科所属的学科群，各人体器官所属的系统，都属于分类和类别的知识。有的学生认为这一部分知识是人为规定的，没有必要掌握，但实际上一旦掌握了这类知识，对于知识的系统化、清晰化是很有帮助的。

4.准则的知识

准则的知识是有关检验或判断各种事实、原理、观点及行为所依据的准则的知识。这种知识有助于解决本领域中的难题。在体育领域中，发展体能的原则、运动训练的原则、体育教学的原则、判断体能的标准、竞技体操比赛的评分标准等都是准则的知识。对学生来说不但要了解这些准则，而且还要利用这些准则作出正确判断，解决实际问题。

5.方法论的知识

方法论的知识是有关在某一特定学科领域里使用的，以及调查特定问题所用的探究的方法、技巧和步骤的知识。在体育领域中，体育教学方法、体育科研的方法与步骤等都属于方法论的知识。这类知识对于实践活动具有直接的指导意义。我们以进行体育科研来说明方法论知识的学习，学生应清楚体育科研工作的基本程序和步骤，命题确定后，应知道采用多种方法来进行研究。

（三）体育普遍原理和抽象概念知识的学习

体育学科领域中普遍原理和抽象概念的知识是指体育学科领域中带有普遍性的、最基本的、可以作为其他规律的基础规律，和反映客观事物本质特征的知识。这类知识是支配体育学科领域，或者是在研究各种体育现象或解决问题中普遍使用的那些主要的结构、理论和依据。这类知识之所以给人很难领会的印象，常常是因为学生并不完全熟悉普遍原理所概括、组织的各种现象，但一旦掌握了这类知识，就会使学生对本专业领域具有更深的洞察力和理解力。

1.体育原理和概括的知识

体育原理和概括知识是有关对体育领域中各种现象的观察结果进行概括的特定抽象概念方面的知识。比如肌肉收缩的肌丝滑行原理，体育运动中的动量定理、动量矩守恒定律都属于这类知识。这类知识在解释、阐述、预见或确定最适宜、最恰当的行动或行动方向方面具有很大价值。这里对学生的全部要求是能再现或回忆这些原理的基本观点。

2.体育理论和结构的知识

体育理论和结构的知识是体育领域中有关为某种复杂的现象、问题或领域提供一种清晰的、完整的、系统的观点和依据，以及由它们构成的知识体系方面的知识。生理功能的调节机理，人体机械运动的规律，正常人体生理活动的基本规律，体育体制，国际体育组织结构等都属于基本的理论知识。这类知识往往采用抽象的表达形式，可用来表明大量具体事实的相互关系和组织结构。对这部分知识应能综合、概括地掌握，并能解释各种复杂的体育现象。

体育知识学习的类型如图6-3所示。

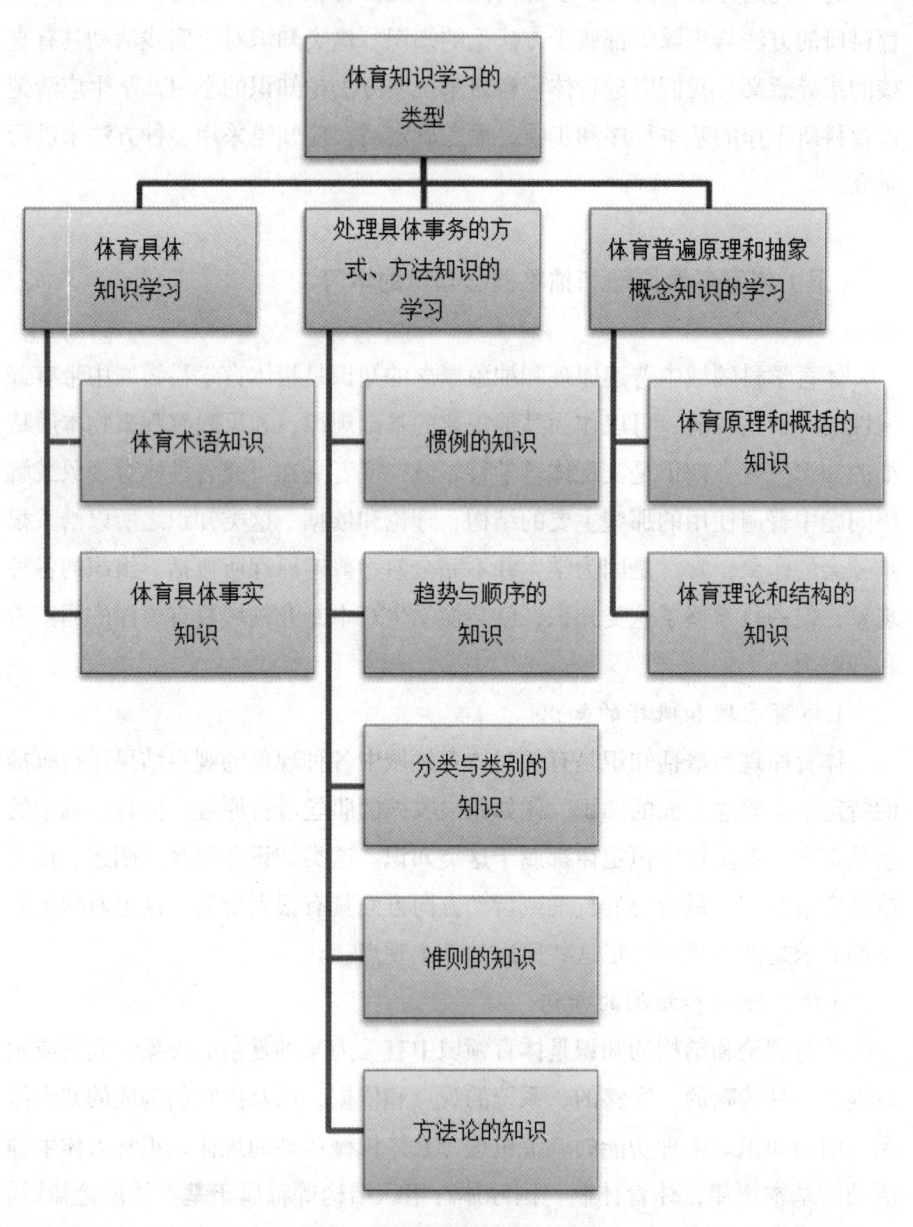

图6-3 体育知识学习的类型

第六章 学生体育学习原理

第三节 体育技能学习

体育技能指在专门的体育活动中，通过学习所获得的运用各种运动方法进行体育运动的能力，包括动作技巧的形成、运动知识的运用和有效控制身体的运动能力。体育技能是体育学习的重要内容之一，掌握好体育技能，对提升运动能力和身体健康水平具有重要意义。

一、体育技能学习的理论基础

（一）认知心理学理论

认知心理学理论在体育技能学习中起着至关重要的作用。它强调大脑对信息的加工和处理过程，以及这些过程如何影响技能学习。根据认知心理学理论，体育技能学习是一个信息处理的过程，涉及感知、记忆、思维和决策等多个方面。在学习过程中，学习者通过感知获取外部信息，然后将其转化为可以被大脑处理和记忆的内部表征。这些内部表征在记忆中存储，并在需要时被提取出来进行思维和决策。

在体育技能学习中，认知心理学理论的应用可以帮助我们更好地理解学习者的学习过程和困难，并提供有效的学习策略和方法。例如，研究表明，学习者在练习过程中对动作的自我观察和反思可以提高技能水平。这是因为自我观察和反思可以增强学习者对动作的感知和记忆，促进信息的深度加工和处理。此外，一些心理训练方法，如暗示和放松训练，也可以通过调节学习者的情绪和心理状态来提高学习效果。

认知心理学理论还为我们提供了一些评估学习效果的工具和方法。例如，通过观察学习者的动作表现和反应速度，可以评估他们的技能水平和学习效果。另外，一些心理测量工具，如自陈量表和情境模拟测试，也可以用来评估学习者的心理状态和学习适应性。

总之，认知心理学理论为体育技能学习提供了重要的理论支持和实践指导。通过深入研究和应用认知心理学理论，我们可以不断优化体育技能学习方法，提高学习效果和质量，为体育教育和竞技体育的发展做出更大的贡献。

（二）行为主义学习理论

行为主义学习理论在体育技能学习中有着重要的应用。行为主义学习理论又称为"刺激—反应学习理论"。刺激—反应学习理论认为人类的复杂行为可以被分解为两部分：刺激和反应。而人的行为是受到刺激的反应。学习的实质是形成习惯，是通过学习将对刺激做出散乱、无组织、无条件的反应，变成有组织、确定的条件反应的过程。在体育技能学习中，这种理论强调通过反复练习和反馈来形成正确的技能反应模式。例如，篮球投篮技能的习得，学习者可以通过不断重复投篮动作，并在每次投篮后得到反馈，从而逐渐掌握正确的投篮技巧。行为主义学习理论还强调学习的可塑性和渐进性，认为技能学习是一个逐步提高的过程，需要不断地调整和优化学习策略。在实际应用中，教练员可以根据行为主义学习理论制订针对性的训练计划，通过逐步增加难度和挑战来提高学习者的技能水平。同时，学习者也可以通过自我观察、反思和调整来提高技能学习的效果。总之，行为主义学习理论为体育技能学习提供了重要的理论支持和实践指导，有助于提高学习者的技能水平和运动表现。

（三）建构主义学习理论

建构主义学习理论认为，学习是一个主动的、积极的、建构性的过程，学习者不是被动地接受信息，而是主动地构建自己的知识体系。在体育技能学习中，建构主义学习理论的应用主要体现在以下几个方面：首先，学习者需要主动地探索和尝试，通过亲身经历和实践来加深对技能的理解和掌握。其次，学习者需要积极地思考和反思，分析自己在技能练习中的表现和不足之处，从而不断完善和提高。最后，学习者还需要与教练、队友等其他人进行交流和讨论，通过互动和合作来促进技能的学习和提高。根据建构主义学习理论，体育技能学习需要注重学习者的主动性、积极性和建构性，通过多种方式激发学习者的学习兴趣和动力，提高学习效果和质量。

二、体育技能学习的目标

（一）提高个体身体素质

在体育技能学习的过程中，个体身体素质的提升是基础且关键的目标。无论是力量、速度、耐力、柔韧性还是灵敏性，学习者都将在持续的锻炼中获得显著提升。随着体能的增强，学习者在运动中将能更好地展现出卓越的表现力和技能水平。

（二）培养运动技能

运动技能的精湛是每个学习者追求的目标。通过系统的训练，学习者将逐步掌握基本技能并进阶至更高级的技巧。在这一过程中，个人技术水平将在各个运动领域得到显著提升，为日后的运动生涯奠定坚实基础。

（三）塑造良好的心理素质

体育技能学习不仅关注身体素质的提升，还重视心理素质的培养。面对挑战和困难，学习者将学会挑战自我、克服心理障碍，从而培养出自信、自律和抗压能力。这将使他们在人生的各种境遇中都能保持积极向上的心态，勇敢面对一切挑战。

（四）培养团队合作精神

多数体育项目需要团队合作才能取得最佳效果。在团队中，学习者将学会相互信任、配合与协作，培养出强烈的团队精神和集体荣誉感。这种经历将使学习者在未来的生活和工作中更好地融入团队，发挥个人价值。

（五）塑造正确的价值观

体育竞技中蕴含的公平竞争、尊重对手和顽强拼搏的精神对学习者的价值观具有深远影响。在参与竞技活动和学习体育技能的过程中，学习者将树立起积极向上的价值观，为未来的个人发展奠定坚实基础。

三、体育技能学习的任务

（一）制订个性化的训练计划

根据学习者的个人特点和需求，为其制订针对性的训练计划至关重要。个性化的计划能确保每个学习者在适合的训练方法中取得最佳效果，避免盲目练习和无效努力。

（二）注重基本功训练

基础技能的掌握是精通高级技巧的基石。在学习过程中，务必重视基本功的训练，为日后更复杂的技能练习奠定坚实基础。基本技能的熟练掌握将有助于提高学习者的技术水平，并降低或避免运动伤害的风险。

（三）强化体能训练

体能是确保运动表现的关键因素之一。在学习过程中，应充分考虑学习者的体能状况，合理安排训练强度和内容。通过系统的体能训练，学习者的整体体能水平将得到显著提升，从而更好地应对高强度运动和比赛。

（四）培养运动安全意识

在体育技能学习过程中，确保安全至关重要。学习者应了解运动损伤的预防措施和应对方法，养成良好的运动习惯和自我保护意识。这将降低运动损伤的风险并确保训练过程的安全性。

（五）开展丰富多样的体育活动

为了使学习者全面发展各项体育技能并享受运动的乐趣，组织丰富多样的体育活动至关重要。通过参与不同类型的运动项目和活动，学习者将获得更多实践机会，提高技术水平并培养自信心。

四、体育技能学习原则

体育技能学习原则是指在学习和掌握体育技能过程中遵循的一系列规律和准则，遵循体育技能学习原则旨在提高技能学习效果，具体要遵循以下六项基本原则（见图6-4）。

图6-4 体育技能学习原则

（一）循序渐进原则

循序渐进原则是指在学习体育技能时，要从简单到复杂，从容易到困难，逐步提高。这样可以让学生在掌握基本技能的基础上，逐步形成复杂的动作技能，避免一开始就接触高难度的动作，导致学习困难。

（二）反复练习原则

反复练习原则是指在学习体育技能过程中，要通过多次重复练习，巩固和加深对动作要领的理解和掌握。反复练习有助于形成稳定的动作定型，提高动作的自动化程度。

（三）积极参与原则

积极参与原则是指学生在学习体育技能时，要充分发挥自身的积极主动性，积极参与训练，以提高学习效果。教师要激发学生的学习兴趣，创造积极的学习氛围，使学生在愉快的情绪状态下学习。

（四）个别指导原则

个别指导原则是指教师要针对学生的个体差异，给予个性化的指导和建议。个别指导有助于学生找到适合自己的学习方法和训练方式，提高学习效果。

（五）动态调整原则

动态调整原则是指教师要根据学生的学习进度和训练效果，不断调整教学计划和训练方法。动态调整有助于学生始终保持良好的学习状态，逐步提高体育技能水平。

第六章　学生体育学习原理

（六）安全性原则

安全性原则是指在学习体育技能过程中，要确保学生的安全。教师要密切关注学生的身体状况，预防运动损伤，确保学生在安全的环境中进行训练。

五、体育技能学习方法

（一）观察与模仿

观察与模仿是体育技能学习的重要策略之一。通过观察优秀运动员的表现，学生可以获取有关正确技术动作和比赛策略的直观印象。模仿则是有针对性地复制这些优秀表现，将观察到的技术动作和战术策略转化为自身的技能。据研究，有效的模仿能够减少学习时间，提高技能掌握的效率。例如，在篮球运动中，通过观察职业球员的投篮动作，学生可以发现正确的姿势和技巧，然后模仿这些动作，从而提高自己的投篮水平。在足球运动中，观察和模仿优秀球员的传球和射门技巧，也可以帮助学生提升自己的技术水平。此外，观察与模仿还可以帮助学生理解比赛中的战术和策略，从而更好地适应比赛场上的变化。

（二）练习与反馈

在体育技能学习中，练习与反馈是至关重要的环节。练习是巩固和提升技能的关键，而反馈则提供了对练习效果的评估和指导，有助于及时调整和改进学习策略。根据研究，有效的练习与反馈结合能够显著提高技能学习的效果。在实践中，学生可以通过观察专业运动员的表现、与教练或同伴的互动以及使用技术辅助工具来获取反馈。同时，建立有效的反馈机制和学习计划对于提升技能水平至关重要。通过不断练习和及时反馈，学生可以更好地掌握技能，提高学习效果。

（三）心理训练与暗示

心理训练与暗示在体育技能学习中具有重要作用。心理训练可以帮助学生建立自信心、提高注意力、增强自我控制能力等，进而提升他们在运动中的表现。例如，通过心理训练，学生可以在运动中更好地控制自己的情绪，减少失误，提高投篮命中率。而暗示则是一种通过积极的自我对话、想象和重复来影响个体心理状态的方法。学生在体育比赛中可以通过积极的暗示来减轻压力，提高注意力，从而更好地发挥自己的技能水平。心理训练与暗示的结合使用，可以帮助学生更好地应对体育学习中的挑战，提高运动能力和学习效果。

第四节 学生体育学习能力的培养

一、体育学习能力的概念与形成

体育学习能力是学生在体育学习过程中所表现出的一种比较稳定的心理特征。它表现为学生成功地完成学习任务的快慢和质量，包括理解体育知识的深度和广度，掌握动作技术的精确度，独立解决问题的能力等。体育学习能力是在体育学习活动中形成和发展起来的，任何学习活动都是在学生已有的知识、技能、策略的定向调节和控制下进行的，如果学生缺乏必要的知识、技能和策略，则学习活动的定向环节和执行环节就不可能实现，也就无法形成相应的学习能力。由此我们认为，构成体育学习能力的基本要素主要是基础知识、基本技能和基本策略。

体育学习能力的形成和发展是通过知识、技能和策略的获得及其广泛迁移，从而使它们得到不断综合和概括而实现的。这一形成过程，从学习者的内因分析依赖于学生对体育知识、技能和策略的掌握质量及其结构化、网络化、程序化水平，依赖于学生的一般智力水平以及以学习动机为核心的非智力因素的调控。从外部环境来分析，主要受以下教学因素的影响。

第一，体育知识的外部结构化水平。

第二，体育教学过程的科学化水平。

第三，体育教学策略的有效性水平。

第四，体育教学评价的适时性和促进性水平。

体育学习能力的形成是递进的。

首先，学生要学习和掌握一定的体育学科知识、技能和策略，这是构成体育学习能力的基本要素；

其次，学生通过积极地思考和不断地整合，将这些知识技能要素与原有的知识技能相互作用，内化为结构化、网络化的体育知识技能结构，只有结构化、网络化的知识技能，才能对体育学习活动发挥直接、稳定、高水平的调节作用；

最后，学生运用一定的策略、方法，以活动任务和问题类型为线索和中心，将不同体育知识技能结构进行组合，实现知识、技能、策略、方法的融会贯通和高度网络化、系统化，形成有利于问题解决的、程序化的活动经验结构，这标志着学生的体育学习能力达到了较高的水平。

随着学习活动的进行，学生的体育学习能力水平不断提高，对学习活动的定向和控制作用不断增强，使学生体育知识技能的学习不断深入，体育学习的难度不断增加，知识、技能和策略的结构化、网络化程度不断提高，从而又使学生的体育学习能力不断进步并达到新的水平。

二、学生体育学习能力的培养策略

（一）激发学生学习兴趣

在培养学生体育学习能力的过程中，激发学生学习兴趣的策略是至关重要的。兴趣是学生最好的老师，只有对体育学习充满兴趣，学生才会积极主动地参与学习过程。为了激发学生对体育学习的兴趣，教师可以采取多种策略。首先，教师可以创设生动有趣的学习情境，如通过游戏、竞赛等方式让学生在轻松愉快的氛围中学习。其次，教师可以运用多样化的教学手段和方法，如利用多媒体技术、引入趣味性的体育游戏等，以吸引学生的注意力并提高他们的学习兴趣。此外，教师还可以通过及时表扬和鼓励来增强学生的自信心和积极性，让他们感受到自己的进步和成就。

为了更好地激发学生对体育学习的兴趣，教师还需要关注学生的个体差异和需求。每个学生都有自己的兴趣爱好和特点，教师需要了解学生的需求和兴趣，并根据他们的特点进行教学设计。例如，对于喜欢篮球的学生，教师可以设计篮球相关的体育活动和练习；对于喜欢舞蹈的学生，教师可以引入舞蹈元素来丰富教学内容。这样不仅可以满足学生的兴趣需求，还可以提高他们的学习积极性和参与度。

为了验证激发学生学习兴趣的策略是否有效，教师可以采用问卷调查、观察记录、成绩对比等方法进行评估。通过评估可以了解学生的学习兴趣变化、学习态度和参与度等方面的信息，从而对策略的有效性进行判断。如果策略有效，则可以继续实施；如果策略效果不佳，则需要进行调整和改进。

综上所述，激发学生学习兴趣的策略在培养学生体育学习能力中具有重要的作用。通过创设生动有趣的学习情境、运用多样化的教学手段和方法、关注学生的个体差异和需求以及进行有效的评估等措施，可以有效地激发学生对体育学习的兴趣，提高他们的学习积极性和参与度。这对于培养学生的体育学习能力、促进学生的身心健康具有积极的意义。

（二）提升学生自主学习能力

提升学生自主学习能力的策略是当前教育领域关注的热点问题。在体育教学中，自主学习能力的培养同样重要。为了有效提升学生的自主学习能力，我们可以采取以下策略。

首先，激发学生的内在动机，让他们意识到体育学习的重要性和趣味性，从而主动参与学习过程。例如，通过设置挑战性任务和奖励机制，激发学生的兴趣和竞争意识。其次，培养学生的自主学习技能，如时间管理、学习方法和策略等。这些技能有助于学生更好地掌握学习内容，提高学习效率。最后，创造有利于自主学习的环境，如提供丰富的学习资源、建立合作学习小组等。这些环境可以帮助学生更好地开展自主学习，促进彼此之间的交流与合作。

为了进一步落实这些策略，我们可以借鉴成功体育教学法的核心理念，即"以学生为中心"，注重学生的主体性和个性发展。在此基础上，我们可以采用启发式教学法、合作学习法、探究学习法等教学方法，引导学生主动思考、发现问题并解决问题。同时，现代信息技术在体育教学中的应用也可以为学生提供更加丰富的学习资源和多样化的学习方式。

为了评价学生自主学习能力的提升效果，我们可以建立有效的评价与反馈机制。通过过程性评价和终结性评价相结合的方式，全面了解学生的学习情况并及时给予反馈。学生自我评价与反馈机制的建立也有助于学生更好地认识自己、改进学习策略。通过这些评价方式，我们可以更好地指导学生进行自主学习，提高他们的学习效果。

总之，提升学生自主学习能力是体育教学中的重要任务。通过激发学生的内在动机、培养自主学习技能、创造有利于自主学习的环境以及采用多样化的教学方法和有效的评价与反馈机制，我们可以更好地促进学生自主学习能力的发展。这对于培养具有创新精神和实践能力的人才具有重要意义。

（三）强化学生实践能力

强化学生实践能力的策略是提高学生体育学习能力的关键。在体育教学中，应注重实践教学，通过组织各种实践活动，让学生在亲身体验中学习和掌握体育技能。学校可以定期组织体育比赛、户外拓展等活动，让学生在实践中提高团队协作、沟通交流和解决问题的能力。同时，教师还应注重培养学生的自主实践能力，鼓励学生在课余时间自主参与体育锻炼，提高自主锻炼的能力和意识。教师还应积极探索创新教学方法，如探究式教学法、合作学习法等，引导学生主动探究、实践和反思，培养其创新思维和实践能力。总之，强化学生实践能力的策略是提高学生体育学习能力的有效途径，有助于培养学生的综合素质和终身锻炼的习惯。

（四）培养学生创新思维

在培养学生创新思维的过程中，教师需要采取一系列策略来激发学生的创新精神和实践能力。首先，教师可以通过创设问题情境，引导学生自主发现问题并提出问题，从而培养他们的创新思维。教师可以设计一些开放性的问题，让学生从不同角度思考解决方案，鼓励他们发挥想象力和创造力。其次，教师可以采用"头脑风暴法""六项思考帽"等方法，引导学生进行集体思考和讨论，激发他们的创新灵感。教师还可以通过案例分析、角色扮演等形式，让学生在实际操作中培养创新思维。例如，教师可以选取一些具有启发性的案例，让学生分析并从中汲取创新经验。最后，教师还可以鼓励学生参加创新竞赛、创新创业项目等活动，让他们在实践中锻炼创新思维和创新能力。

为了更好地培养学生的创新思维，教师还需要注重培养学生的批判性思维和跨学科知识。批判性思维是创新思维的重要组成部分，它能够帮助学生学会独立思考和判断。因此，教师在教学中应该鼓励学生挑战传统观念，勇于提出自己的见解。同时，跨学科知识也是培养创新思维的重要基础，它能够帮助学生从不同领域获取灵感和知识，从而更好地进行创新实践。

三、学生体育自学方法指导

体育自学能力是指学生通过自己的学习和实践，独立地获取体育知识、训练技能的能力。它最大的特点是必须通过独立的活动，将外界的知识变成自己的"东西"。体育自学能力是学生终身吸收体育知识的关键条件，它是在学生独立获取和应用知识的过程中形成的。为培养与提高学生的体育自学能力，需加强对学生体育自学方法的科学指导。

（一）明确自学目标

在进行体育自学之前，首先需要给自己设定一个明确的目标。这个目标可以是提高心肺功能、减肥塑形、提升速度与力量等等。只有明确了目标，才能更有针对性地进行学习，也更容易保持学习的动力和热情。

（二）选择适合的自学材料

在选择自学材料时，要根据自己的目标和兴趣进行筛选。可以选择一些专业的体育教材、教学视频、运动APP等。这些材料可以帮助我们系统地学习各种运动技能，掌握正确的姿势和技巧，避免在训练中受伤。同时，这些材料的内容质量有保证，可以帮助我们更加科学地进行锻炼。

（三）制订学习计划

制订一份切实可行的学习计划是体育自学中至关重要的一步。我们可以根据自己的实际情况，制定一个长期和短期的计划。在计划中要明确每周的训练内容、训练强度和时间安排。同时，要根据自己的身体反应和学习进展，适时调整计划，以保证学习的效果和身体的健康。

（四）实践参与

理论学习是基础，但真正的进步来自实践。在自学过程中，教师要引导学生勇于尝试各种运动技能，不断摸索和实践。在实践中，要注意动作的规范性和准确性，遵循科学的训练原则，避免因错误的动作导致受伤或肌肉拉伤等问题。实践不仅可以提高学生的技能水平，还可以帮助他们更好地理解和掌握理论知识。

（五）互动与交流

与其他热爱体育的同学、老师或运动爱好者进行互动与交流，可以拓宽学生的视野、互相激励。在交流中，我们可以分享自己的学习心得和经验，了解别人的学习方法和技巧，从而更好地调整自己的学习方向和策略。此外，通过与他人交流，还可以结交到志同道合的朋友，共同进步，共同追求健康和美好的生活方式。

（六）监测与调整

在体育自学过程中，我们需要定期对自己的学习成果进行监测和评估。这可以通过各种方式实现，例如记录训练数据、拍摄训练视频、参加体能测试等。通过监测，我们可以及时发现自己的不足之处和需要改进的地方，进而调整学习计划和训练方法。同时，监测结果也是对自己付出的一种肯定和激励，可以增强自信心和学习动力。

第七章 体育与学校体育教育的发展探索

随着时代的进步与社会的发展，我国体育事业呈现出良好的发展势头。学校体育教育作为我国体育事业的重要组成部分之一，也随着国家对青少年体质健康的不断重视而广受关注，促进学校的体育教育水平不断提升。在体育地位日益提升和体育强国建设处于关键阶段的今天，体育与学校体育教育的发展将具有更加重要的现实意义。本章主要对体育与学校体育教育的发展进行研究，内容主要包括体育的普及与提高、从人与社会的发展视角探析体育的发展趋势、学校体育教育与健康教育的融合以及全面育人与学校体育教育改革。

第一节 体育的普及与提高

一、体育基本指导方针——"普及与提高"的形成与演进

我国在20世纪50年代形成的"普及与提高相结合"的体育基本指导方

针，是在总结了我国新民主主义革命时期长期体育实践经验的基础上，根据中华人民共和国成立初期我国社会的政治、经济和文化发展的整个现状提出的，是20世纪80年代中期以前我国体育事业发展基本的思想基础。普及与提高的关系沿用了毛泽东1942年在延安文艺座谈会上的讲话精神，即：在普及的基础上提高，在提高的指导下普及。

中华人民共和国成立初期，我国的经济、文化和体育基础都比较薄弱，而体育工作，更需要在进一步普及的基础上发展。那时我们也曾经把"使体育运动普及和经常化"作为今后工作方针的基本内容之一。不过，随着国际体育交往活动的增多，"提高运动技术水平"的任务逐渐提上了议事日程。在"普及与提高相结合"基本方针的指导下，我国体育出现了全面发展的好势头。不但群众性体育活动蓬勃地向前发展，竞技运动也出现了空前的飞跃，不少项目迅速赶上世界先进水平。

在"普及与提高相结合"的基础上，根据国际、国内体育发展的现状，20世纪80年代中期又提出了"群众体育和竞技体育协调发展"的基本指导方针。这标志着我国体育工作基本指导方针更具体化、更具有时代特征。这表明在当代中国体育发展史上实行了30多年的"普及与提高相结合"这一基本指导方针已完成了其历史使命，它让位于一种新的提法——群众体育和竞技体育协调发展。这既反映了我国体育事业的发展，也反映了我国对体育认识的发展。[①]

二、"普及与提高"体育思想的内容

（一）普及指向群众体育的常规化

体育的"普及"主要面向的群体是人民群众，是指向群众的普及，也就是说，体育要走常规化的道路。只有大力普及群众体育，才能使人民群众积

[①] 王健，侯斌.体育原理导论[M].武汉：华中师范大学出版社，2002：146.

第七章 体育与学校体育教育的发展探索

极锻炼身体，提高健康水平，从而更好地投入学习、生活和工作中，为经济发展、文化繁荣作贡献。

（二）提高指向竞技体育的专业化

体育的"提高"主要是指竞技体育成绩的提高，是以竞技体育的专业化发展和比赛成绩的提高为指向的。一般来说，体育成绩越高，就说明专业化程度和水平越高。

促进竞技体育的专业化发展，在国际比赛中争取创造优异成绩，能够为国家争取荣誉，彰显国家体育实力，提升群众的自豪感和荣誉感，同时也能够为群众体育的发展做示范，鼓舞群众体育的发展。

（三）普及是奠定进一步提高的基础

在体育的普及与提高中，普及是提高的基础，普及群众体育，一方面是为了群众健康，另一方面也是为竞技体育的专业化发展奠定基础，促进竞技体育水平的进一步提高。群众体育的普及能够为体育专业水平的提高奠定以下两个方面的基础。

第一，群众体育的普及为选拔与培养竞技体育人才奠定了人口基础，提供了人口基数的准备。

第二，开展群众体育，举办基层体育赛事，能够培养人的竞争意识，锻炼人的运动技能，丰富人的实战经验，从而为参加竞技体育训练和比赛打好基础。

开展群众体育竞赛活动能够培养潜在的运动员，这是一种比较经济的培养方法，能够为业余运动员成为专业运动员搭建桥梁。

（四）提高旨在推动更广泛的普及

在体育的普及与提高中，普及是提高的基础，提高是普及的方向。体育工作的开展要树立"从群众中来，到群众中去"的理念，所以，"到群众中去"是提高的主要目的，从而实现更广泛的普及。体育水平的提高对体育普及的推动作用表现为：

第一，举办竞技运动会和竞技体育比赛，能够展示体育的魅力，吸引更多的人参与体育运动，促进体育运动的广泛普及。

第二，职业运动员是普及群众体育的中坚力量，他们的专业性和优异成绩十分具有说服力。

第三，体育运动技术的提高、体育科研水平的提高能够为群众体育的进一步普及提供支持。

（五）普及群众体育——体育工作的基本方针

体育的普及与提高相互联系、相互作用、相辅相成，但我们必须分清主要矛盾和次要矛盾，主要矛盾是"普及"，次要矛盾是"提高"。在体育工作中要将主要矛盾牢牢把握好，做好群众体育普及工作，从而满足群众健康需要，提升群众素质，推进社会发展。

（六）统筹普及与提高——既为普及，也为提高

我们既要深入认识普及与提高的关系，分清主次，又要做好体育普及与提高的统筹兼顾工作。具体来说，既要抓住主要矛盾，做好体育普及工作，又要兼顾次要矛盾，促进体育的提高与专业发展，这就是重点论与两点论的统一。体育的普及与提高是相互促进的，开展体育工作，不能随意将二者分开，"既为普及，也为提高"。

对个人来说，"既为普及，也为提高"是要将增强人民群众体质与取得优异的竞技比赛成绩统一起来。普及群众体育能够促进群众体质的增强和健康水平的提高。提高竞技体育水平能够促进运动员自我价值的实现，为个人和国家争取更多的荣誉。

对国家来说，统筹普及与提高要做到推进经济国防建设与加强国际交流的统一。普及群众体育能够促进劳动者素质的提升，为国家经济与国防建设奠定基础，开展竞技体育比赛能够促进不同国家的体育交流以及相关方面的

交流与沟通，促进国际交往与合作，传播中国体育文化，提升中国的国际地位和国际影响力。[①]

三、"普及与提高"体育思想的现实启示

（一）构建普惠共享的体育公共服务体系

随着社会的快速发展和人民生活水平的不断提高，人们对于体育活动的需求也日益增长。强调普及群众体育，就要构建普惠共享的体育公共服务体系，满足广大民众对体育的需求，普惠共享，即普遍惠及、共同分享，是构建体育公共服务体系的核心理念。这意味着体育资源应当公平分配，不仅关注城市居民，也要关注农村居民和弱势群体。通过普惠共享的体育公共服务体系，每个公民都有平等的机会享受到体育活动带来的益处。

政府在构建普惠共享的体育公共服务体系中扮演着重要角色。政府应出台相关政策，对体育公共服务体系的建设给予支持和保障。例如，可以制定体育场地设施建设规划、体育产业发展政策等，为体育公共服务的发展提供有力支撑。同时，政府还应加大对体育公共服务体系的投入力度，确保各项服务能够持续、稳定地运行。

要构建普惠共享的体育公共服务体系，要重点完善基础设施建设。这包括建设各类体育场馆、健身路径、户外运动场地等，以满足不同人群的体育需求。同时，要注重设施的布局和可达性，确保城乡居民都能方便地参与体育活动。

除了基础设施建设外，加强体育组织建设也是构建体育公共服务体系的关键。这包括发展各类体育协会、俱乐部、健身团队等，为民众提供多样化的体育参与途径。同时，要加强对体育组织的管理和指导，提升其服务水平和质量，确保民众在参与体育活动时能得到充分的指导和帮助。

[①] 陈丽.反议全民体育与竞技体育的"普及与提高"[J].运动，2011，(10)：5-6.

在构建体育公共服务体系的过程中，应关注民众的个性化需求，创新服务模式。例如，可以通过线上线下结合的方式，为民众提供个性化的健身方案、训练指导等服务。同时，还可以利用大数据、人工智能等现代科技手段，对民众的运动数据进行监测和分析，为他们提供更加科学、有效的健身建议。

（二）研究竞技体育的可持续发展模式

竞技体育的发展与提高，根源取决于群众体育的普及，竞技体育的可持续发展又能够促进群众体育更广泛的普及。竞技体育的可持续发展是指在满足当代人观赏和参与竞技体育需求的同时，不损害后代人满足其需求的能力。这包括经济、社会和环境三个方面的可持续发展。经济可持续发展要求竞技体育在创造经济效益的同时，注重资源的合理利用和经济效益的提高；社会可持续发展强调竞技体育在促进社会公平、增进社会福祉方面的作用；环境可持续发展则要求竞技体育在保护环境、减少资源消耗方面发挥积极作用。

竞技体育要实现可持续发展，必须优化资源配置。这包括加大对竞技体育的投入，改善场地设施、器材装备等硬件条件，以及加强运动员、教练、裁判等人才队伍建设。同时，要注重资源的合理利用。

竞技体育的可持续发展更离不开优秀人才的培养。要注重选拔和培养具有潜力的年轻运动员和教练员，为他们提供良好的训练和成长环境。同时，要加强体育教育和人才培养体系的建设，为竞技体育的可持续发展提供人才保障。

竞技体育的可持续发展还需要不断拓展市场渠道，提高市场竞争力，提升竞技体育产业化水平，如加强品牌建设，提高赛事知名度和影响力；拓展媒体合作，扩大赛事传播范围；开发衍生品市场，增加收入来源等。

此外，竞技体育的可持续发展需要加强国际合作与交流。通过与国际知名赛事和组织建立合作关系，引进先进的管理经验和技术手段，提高我国竞技体育的水平和竞争力。同时，要加强与其他国家和地区的体育文化交流，增进理解和友谊。

（三）探索以竞技体育带动群众体育的新路径

竞技体育与群众体育是体育领域的两大重要分支。竞技体育以其激烈、精彩的比赛吸引了无数眼球，而群众体育则以其广泛的参与性和普及性，成为提高全民健康水平的重要途径。现阶段，我国群众体育发展相对欠缺，以竞技体育的提高带动群众体育运动的普及是当前符合我国国情的体育发展路径，具体策略如下。

1.借助大型赛事推动群众体育普及

大型竞技体育赛事的举办不仅可以提升国家形象，更可以激发民众对体育的热情。例如，奥运会、世界杯等大型赛事的举办，往往能引发一股全民健身的热潮。政府和社会各界可以借此机会，加大对群众体育的宣传力度，提高民众的参与意识。

2.加强竞技体育与群众体育的互动

竞技体育与群众体育并非孤立存在，二者之间可以相互借鉴、相互促进。例如，可以将竞技体育中的优秀运动员和先进理念引入群众体育中，提高群众体育的水平和质量。同时，也可以鼓励群众体育的优秀选手参加低级别的竞技体育赛事，为他们提供展示自我的平台。

3.发挥体育明星的引领作用

体育明星在竞技体育以及群众体育推广中都发挥着举足轻重的作用。他们的成功经历和励志故事往往能激发更多人对体育的热爱和追求。因此，应充分发挥体育明星的引领作用，鼓励他们参与群众体育活动，与民众分享自己的经验和心得。同时，还可以通过举办明星见面会、签名会等活动，拉近体育明星与民众的距离，提高群众体育的吸引力。

第二节 从人与社会的发展视角探析体育的发展趋势

一、从人的发展视角探析体育的发展趋势

（一）体育在人的现代化过程中将发挥更为重要的作用

广义地说，人本身的所有现代变迁，都可以称之为人的现代化。现代化是一个社会现代化和人的现代化相互作用的过程。社会的现代化是实现人的现代化的现实基础，离开社会现代化去谈人的现代化无异于构架海市蜃楼式的神话。另一方面，社会现代化也离不开人的现代化。这是因为，其一，人是社会现代化的主体，无论是科学技术的现代化、经济的现代化，还是经济体制的现代化，归根到底最终都要人去实现。其二，人类的现代化建设，归根到底要实现人的全面发展。离开人的需要，离开人的现代化，社会现代化也无法实现。

人的现代化是一个动态发展过程。从人类在由传统到现代的变更过程中发展演变的一般趋势来看，人的现代化至少包括以下几个方面的内容。

（1）思维方式的现代化。

（2）价值观念的现代化。

（3）勇于探索、乐于创新的心态。

（4）情感方式的现代化。

（5）行为方式的现代化。

由此可见，在人的现代化的内涵中，已经包含了人的身心健康以及社会适应能力的内容。

对于健康，人们已经有了新的认识。体育在增进健康、改善生活方式、提高生活质量等方面，发挥着越来越明显的作用。身心健康在人的现代化的

第七章　体育与学校体育教育的发展探索

过程中始终起着基础性的作用。从人的现代化、做一个现代人、健康人的角度看，体育可以发挥重要作用。

体育对增进人类健康发挥着独特的贡献，不仅对人体生理机能的改善起着特定作用，还在促进人的心理健康方面有着特殊作用。体育活动是快速生活节奏的心理调节器。体育运动是一种极富感情色彩的高尚活动。在体育运动中，人们追求积极向上的荣誉感和人们之间相互交往的亲和感。体育运动给人们提供的情感体验是复杂多样的，顺应了现代人对情感的多方面要求，体育运动是人们情感方式现代化、行为方式现代化的积极渠道。

未来社会是知识密集型的高智能社会，知识不断更新，需要大批具有健康体魄、富有创造精神和开拓精神的人。体育对培养锻炼这种人才，有着独特和重要的作用。

现代文明的历史是人类不断征服自然、改造自然，即"自然的人化"过程。随着现代生活方式的巨变，人类越来越意识到自己与自然的疏远。尊重自然、仰慕自然、崇尚与大自然融为一体成为新世纪人们生活的必然选择。与此相适应产生了大量诸如漂流、定向越野、攀岩、探险、登山等非功利性的体育项目，极好地满足了人们挑战自然、敢于创新的需要。

超越自我、完善自我是体育运动与生俱来的理念。超越就是突破已有限制和模式，创造出完善人性的、具有个性特征的东西。经常参与体育运动，有助于培养人的创新精神，还能使人保持乐于接受新鲜事物、积极创新和创业的良好心态。

体育运动中的集体项目反映了社会生活情节、过程和人类对生活的共同愿望，协调着社会生活感情。真实的情感流露能让人们体验到人际关系、社会关系的和谐，参与体育运动，是人们抒发情感的重要渠道和方式。

由上可见，体育不仅是健身的积极手段，而且是健心、提高社会适应能力的重要路径。体育承载着人类增进健康、提高生活质量的功能。这是体育本质的反映，更是后工业社会体育发展的主导。这一切使得体育运动在人的现代化过程中发挥着越来越重要的作用。

（二）人类生活方式的巨变加快体育生活化的进程

生活方式是影响健康和生命质量的最重要的因素之一。很多生活方式的选择可以对健康产生很大影响。今天，健康远远不是没有疾病和伤残就行了，除了获得生理上、精神上和社会上的健康以外，健康还意味着拥有高质量的生活。

现代科技发展急剧改变着我们的生活方式，以计算机为代表的信息技术则给人类配备了一个威力无比的帮手，使人类的智力潜能得到前所未有的开发。然而，科学技术从来都是一把双刃剑，人类必须为它的进步深入思考，在它带给人类数不清的好处的同时，也给我们带来了一个又一个的陷阱。

（1）机械化、电气化、信息化文明造成的人类生物结构和机能的退化。

（2）高营养、低消耗的能量与物质代谢造成体内物质积累。

（3）快节奏、大压力生活造成的千奇百怪的心理障碍与疾患。

（4）高技术忽视人们的高情感，使人变得冷漠浮躁。

（5）大面积环境污染造成的城市居民生存条件恶化。

可见，科技发展也让人类健康付出了沉重的代价。某些"文明疾病""都市疾病"广泛蔓延和爆发，各种心理障碍和疾患成为多种人群的高发病、多发病。现代生活方式的巨变造就了一个灰色健康群体，亦称亚健康群体。解决他们身心健康问题的最好办法就是动员他们积极参与体育运动。因为，健身运动、消遣娱乐是治疗亚健康状态的最积极有效和最方便廉价的手段。

在生活方式的巨变中，作为社会文化现象的体育正扮演着愈来愈重要的角色。不容置疑，体育已经或正在悄然地走入我们的生活，体育生活化的提出，必将代表目前乃至未来大众体育新的、充满生机和希望的走向。

随着社会生活条件和生活环境的日渐提高和改善，引起人们对生命价值的新的认识，对社会生活方式新的思考。人们对于体育需求的增强，就会促使原有的生活方式发生革命性的变化而形成科学、文明的生活方式。没有人类产生对于体育的需求，就不会产生体育生活方式。

第七章 体育与学校体育教育的发展探索

我们认为,人们对体育的需要,是体育生活化的根源。人类对生活的需求已不仅只停留在对衣食住行的局部满足上,而是拓展到涉及整个人生的全过程、全方位的需求上,即全面改善和提高人们的生活质量和生命质量。可以说,在我国现代化的进程中,生活方式的变革几乎震撼了每一个家庭和每一个社会成员,推动了体育生活化,体育生活化对于人们形成体育生活方式,将体育融入自己的生活,有着特别重要的意义。

体育生活化在这个新的世界中能找到自己的重要位置,体育运动逐步普及化就是一个明证。体育进入生活是在造就科学、健康、文明的生活方式。体育生活作为回归人的本质、体现人的价值的生活活动及社会实践,意味着一种人性的解放。通过愉快、自由地享受体育生活可以发展人类的身体智力和认识能力,可以轻松愉快地与人、社会和大自然产生沟通和交流,使人拥有健全的人格,体验人生的幸福完美。选择了体育生活方式表明享有了体育给人们的基本权利。通过体育,通过大自然追求生命的质量和生活的意义——这便是珍爱生命、珍爱身体、珍爱大自然的健康文明的生活方式。

二、从社会的发展视角探析体育的发展趋势

从社会发展视角研究体育有着特殊的意义。体育的发展依赖于社会的发展,体育的腾飞依赖于社会的进步。人类社会已进入了一个以信息数字化为主要特征的高科技经济时代,这将极大地影响我们的工作方式和生活方式,面对这种机遇和挑战并存的局面,体育将出现一些新的发展趋势。

(一)休闲体育呈加速发展态势

休闲是现代社会的产物,休闲不仅与产业和经济有着密切的联系,更重要的是它所体现出来的文化意义和社会意义在我们未来的社会发展中具有举足轻重的地位。休闲不仅标志着人已经从繁重的体力劳动中解放出来,而且标志着人从满足现实的基本生活需要转向对精神生活的向往;标志着人开始

从有限的发展转向全面地发展自己。休闲的最大特点，是它的人文性、文化性、社会性、创造性，它对提高人的生活质量和生命质量，对人的全面发展有其十分重要的意义。

人们对休闲与健康之间的关系倍加重视，应运而生的休闲体育为休闲产业、经济和文化的发展开辟了更加广阔的空间。社会发展的现实表明，为休闲而进行的各类生产活动和服务活动正在日益成为经济繁荣的重要因素，特别是在大中城市中，各类休闲活动已成为经济活动得以运行的基本条件。

休闲体育是满足人们身心健康、娱乐需要而产生的文化活动。有的学者把休闲体育看作是一种生活方式，认为，休闲体育是指社会发展到一定历史阶段，在相应的文化背景下所产生的、以体育运动为主要手段的、为人们欢度余暇、增进健康起到积极作用的一种文明、健康、科学的生活方式。

中国现阶段，开展休闲体育的社会基础条件基本具备，休闲体育在我国将呈加速发展态势。21世纪，人们的文化素质显著提高，选择科学、文明、健康的休闲体育已在情理之中，"花钱买健康""花钱买休闲"的观念已深入人心，体育工作者对休闲体育也给予了高度关注和重视。总之，休闲体育必将以全新的理念和更为广阔的市场展现在人们面前。

（二）学习型社会与体育终身化

现代人需要终身学习。在知识经济社会，由于知识的更新周期越来越短，必须要通过不断学习以适应知识的演进。强调终身学习，更重要的是因为在知识经济的社会，全部社会的、经济的、文化方面的发展，都要求每一个公民尽可能发挥他的潜力。从个人来说，只有在空间和时间上充分拓展自己的学习范围，确立终身学习的观念，才能对未来的社会有所贡献。

学习化社会是一个全民参与学习而且没有学习障碍的社会，是一个开放性的而且充满成功机会的社会。学习型社会要求我们的体育终身化，提倡终身体育并实践终身体育。终身体育要求学习者不仅在学校时接受体育、增强

第七章　体育与学校体育教育的发展探索

体质、增进健康，而且形成了体育学习和锻炼的意识、习惯和能力，毕业后仍能坚持体育学习和锻炼，并得以终身受益。

现代社会，体育终身化是一个不可逆转的趋势。因为，终身体育产生深层次的原因在于社会经济的发展和人们生活观念的更新。终身体育的提出反映出这样一种内在逻辑关系：现代社会"文明病"的危害，闲暇时间的增多，生活水平的逐渐提高，大众媒介宣传体育、推广体育科学知识的普及，使得人们有越来越多的机会参加各种体育活动。人们开始不只是满足于学校体育生活，而更需要终身体育。在这种前提下产生了主体需要，人们的生活更需要体育内容，人们不再把物质享受作为第一选择，而把健康、快乐生活作为一生追求的目标。在这种条件下，体育也日益走向社会化、生活化，并成为人类生活的重要内容和组成部分。

随着人类社会的不断进步、人类自我意识的逐步觉醒，人类对体育的认识与需要也发生了变化，表现为以下几方面。

第一，人们不再把体育局限于学校体育。

第二，体育作为一种社会文化，是随着生产力发展水平的提高而不断提高其地位的，对提升身心健康水平和提高适应能力的追求，迫使人们对体育功能的认识更加深刻，人类比历史上任何时期都重视体育，需要体育，这就形成了发展终身体育的内部动力。

第三，生产力的高度发展和社会迅速进步为人们从事体育健身活动创造了更完备的条件。有的学者指出，在生活水平较低的国家中，体育总是被强调要为提高青少年健康水平服务，而在后工业化社会里体育学科目标更多地指向提高国民生活质量和为终身体育服务。

应该说，终身体育是现代社会发展到一定阶段的产物，反映了人的发展需要。终身体育体现的是整体而长远的体育思想，按照这一思想来理解，体育应该贯穿人生始终，与人生不可分割。终身教育也好，终身体育也好，都是学习化社会的必然趋势。从整个国民体质健康发展和优生优育的角度来看，终身体育势在必行。

第三节 学校体育教育与健康教育的融合

在提升青少年体质健康水平方面,学校体育发挥着至关重要的作用。为更好地增强青少年的体质,提升他们的健康水平,有必要在学校体育教育中融入健康教育,引导学生树立健康生活观念,形成健康生活方式,并能够健康地参与体育运动。青少年的健康素养直接影响其健康水平,健康素养差的青少年,自我保健能力往往较差,而健康素养高的青少年,往往具有较强的自我保健能力,能够很好地维护自身健康。从当前我国学校健康教育的现状来看,要提高健康教育的效果,可以考虑将其融入体育教育中,充分整合学校健康教育资源和体育教育资源,从课程设置、师资建设、内容开发、路径开辟等方面实现二者的有机融合,从而使学生在体育实践中学习健康知识和保健技能,自觉维护自身健康,促进身心健康协调发展。

将健康教育融入学校体育教育中,可以从三个方面着手,分别是融入体育课堂教学、融入课外体育活动以及融入校园体育文化中。

一、将健康教育融入体育课堂

促进学校体育教育与健康教育的融合,既能落实健康教育,又能辅助提升学校体育教育效果,促进学生健康成长,二者的融合可以说是一个一举两得的双赢策略。在健康中国战略背景下,我们应将学校体育改革的方向和趋势牢牢把握好,通过体育教育与健康教育的融合来实现改善学生体质现状、提高学生健康水平的目标。将健康教育融入体育教育,融入路径如图7-1所示。

第七章　体育与学校体育教育的发展探索

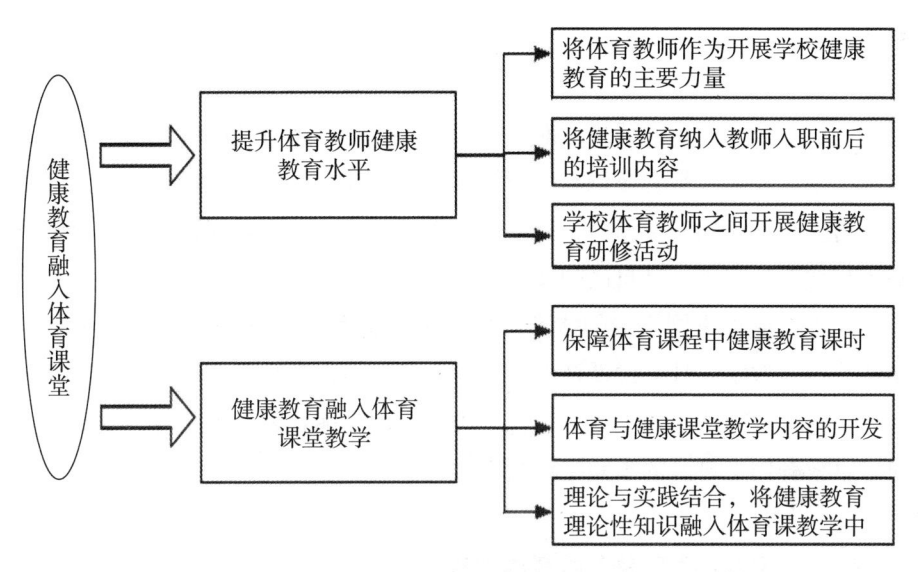

图7-1　健康教育融入体育课堂[①]

从图7-1来看，将健康教育融入体育课堂，主要从两方面着手，一是提升体育教师的健康教育水平，二是将健康教育融入体育课堂教学实践中，具体分析如下。

（一）提升体育教师的健康教育水平

体育教育与健康教育关系密切。为促进学校健康教育的顺利开展，需要充分发挥体育教师的作用，从体育教师队伍中培育健康教育师资力量，这就对体育教师的健康教育能力和素养提出了较高的要求。对体育教师进行入职前和入职后的专业培训时，应将健康教育的相关内容纳入培训内容体系中。但实际上在体育教师的培训中，往往缺少关于健康教育知识与技能的培训，虽然现有的培训内容与健康促进都有一定的关系，但专门关于健康教育的培训内容严重缺乏，不成体系，很多教师在培训过程中都没有机会对健康教育

[①] 孔冲，平杰.健康教育与学校体育融合发展策略探讨[J].中国学校卫生，2019，40（01）：7-11.

的知识进行系统且深入的学习，导致健康教育知识储备不足，健康实用技能掌握不熟练，因此有时在体育教学中出现突发情况时无法妥善处理和积极应对，造成了较为严重的后果。对此，应特别注意在体育教师入职前、后的专业培训中加强健康教育知识与技能培训，并将体育教师的健康教育能力和素养作为教师考评的一个指标，提高体育教师对这方面的重视，自觉学习健康知识与技能，主动提升自己的健康教育能力。

此外，应在不同学校的体育教师之间开展系列研修活动，如案例研究、学情分析、教学设计、说课评课等，促进各校体育教师的实践交流和经验分享，使体育教师从思想上更加重视健康教育，在体育教育中能够自觉地将实施健康教育作为自己的本职工作内容之一。

（二）将健康教育融入体育课堂教学

将健康教育融入体育课堂教学的具体策略如下。

1. 保障健康教育的课时

将健康教育融入体育课堂教学中，为了保证健康教育的效果，必须先保障健康教育的课时，合理安排健康教育的课时，每学期至少用 6—7 课时进行健康教育和健康宣传教育，教育内容以安全避险、安全应急、疾病预防为主，这些教育内容理论性较强，可在体育理论课上穿插宣传与讲解。

2. 开发体育与健康教育内容

体育与健康教育是学校教育的重要组成部分，对于培养学生的身心健康、提高学生的综合素质具有重要意义。通过体育与健康教育，学生可以了解基本的体育知识和运动技能，掌握科学的健身方法，培养健康的生活方式和良好的运动习惯。开发体育与健康教育内容，要遵循科学规律，确保所教授的知识和技能符合学生生理、心理发展的特点，符合体育教育与运动训练的基本原则。体育与健康教育内容的开发还应注重实用性，确保所教授的知识和技能能够在学生的实际生活中得到应用，提高学生的运动能力和健康水平。开发体育与健康教育内容还应做到多样性，开发丰富有趣的运动项目、健身方法和健康教育内容，满足不同学生的需求和兴趣，如引进时尚流行项目，开展营养与健康、心理健康等方面的教育，帮助学生建立正确的健康观念，促进学生体质健康。

3.注重理论与实践结合

健康教育课程具有较强的理论性，单纯理论知识的讲解不易吸引学生的注意力，学生学习起来比较枯燥。体育课的实践性较强，若能将健康理论知识融入体育实践课中进行讲解，则能够激发学生的学习兴趣，而且能够为学生进行体育实践提供健康指导。所以说，健康理论课与体育实践课是相辅相成的。为此，可设想体育实践课结合健康教育的教学模式，见表7-1。

表7-1 健康教育融入体育实践课的教学模式设想[①]

课时模块	设计内容	设计思路
准备活动	（1）讲解运动前做热身活动的意义 （2）将学生分组，要求每组学生轮流带领该组同学做热身活动	（1）准备活动部分、基本部分、结束部分都加入健康教育内容，与实际生活联系，帮助学生理解 （2）采用学生分组教学方式，充分调动学生的参与积极性，培养个人的责任心 （3）小组比赛，更能激发学生的竞争意识和合作意识
基本部分	（1）根据运动项目讲述规则、发展机能等基本的理论知识 （2）分组完成运动技能的学习，设计小组与小组之间的比赛	
结束部分	讲解运动后放松活动的作用（引导学生根据不同运动项目，注重放松部位的不同）	

二、将健康教育融入课外体育活动

课外体育活动是学校教育的重要组成部分，不仅有助于提高学生的身体素质，还能培养他们的团队协作和竞争意识。将健康教育融入课外体育活动，旨在让学生在锻炼身体的同时，掌握健康知识，培养健康行为，形成良

[①] 陈荣，朱林可，罗翊君.学校体育与健康教育融合途径探究[J].上饶师范学院学报，2020，40（06）：93-98.

好的生活习惯。

（一）制订合理的课外体育活动计划

为了确保课外体育活动既有益于健康，又能满足学生的兴趣，我们需要根据学生的年龄、性别和身体状况，制订有针对性的体育活动计划。计划应包括活动内容、活动时间、活动地点、活动目标等方面的安排，确保活动有序、高效地进行。

（二）创新活动形式

结合学校特色，开展丰富多样的体育活动，如趣味运动会、校园体育节等，以激发学生的参与热情。此外，还可以利用现代科技手段，如虚拟现实、智能硬件等，为学生提供更加个性化的体育活动体验。

（三）强化健康教育

在体育活动中融入健康教育，让学生在锻炼身体的同时，了解和掌握健康知识，培养健康行为。具体措施包括：开展健康知识讲座，提高学生对健康的认识；设置健康教育宣传栏，普及健康生活方式；举办健康知识竞赛，激发学生学习健康知识的兴趣。

（四）建立激励机制

对积极参与体育活动、表现优秀的学生给予奖励，激发学生的积极性。奖励可以包括荣誉证书、奖品、校内奖学金等，同时，还可将学生在体育活动中的表现纳入综合素质评价，为学生提供更多的机会和激励。

第七章　体育与学校体育教育的发展探索

（五）加强师资培训

提高体育教师的健康教育素养，使其能在体育活动中有效融入健康教育。可通过定期举办教师培训班、研讨会等形式，促进教师之间的交流与合作，提高教师的专业水平。

（六）家庭、学校、社会共同参与

加强家校合作，促进社会资源的整合，共同推动课外体育活动的开展。具体措施包括：邀请家长参与学校体育活动，增进家长对学校体育工作的了解和支持；与社区体育机构、企事业单位等合作，利用社会资源为学生提供更多锻炼机会；鼓励学生参加校外体育比赛，拓宽学生的视野，提高他们的体育素养。

三、将健康教育融入校园体育文化

校园体育文化是学校教育的重要组成部分，它以其独特的魅力和方式，影响着广大学生的身心健康发展。然而，在当前的教育实践中，校园体育文化仍然存在着一些不足，如对健康教育的重视程度不够，体育活动的内容和形式过于单一等。因此，我们有必要将健康教育融入校园体育文化，使之更加丰富、多元，从而更好地促进学生的健康成长。

（一）在校园体育文化建设中强化健康教育的地位

学校应将健康教育纳入体育课程体系，使学生在参与体育活动的过程中，不仅能锻炼身体，提高运动技能，还能学习到健康知识，培养健康的生活方式和习惯。此外，学校还可以通过举办健康教育讲座、宣传活动等形式，提高师生对健康教育的认识和重视程度。

（二）丰富校园体育文化的内容，拓展健康教育的领域

体育活动不应仅局限于传统的田径、球类等项目，而应结合学生的兴趣爱好和个性特点，开展多样化的体育活动。例如，引入瑜伽、舞蹈、武术等课程，既可以锻炼身体，又能陶冶情操；开展户外拓展活动，培养学生的团队协作和沟通能力；举办体育竞赛，激发学生的拼搏精神和竞争意识。通过这些活动，让学生在体育锻炼中收获健康，同时在精神层面得到提升。

（三）创新校园体育文化的发展模式，推进健康教育的实践

学校可以与企业、社区等外部资源合作，共同开展体育活动，让学生在真实的场景中体验健康教育。例如，与专业体育机构合作，引进先进的体育教学理念和方法；与医疗机构携手，开展健康体检和疾病筛查，提高学生的健康素养；与体育明星互动，激发学生对体育运动的热爱和追求。

（四）建立健全校园体育文化的评价机制，确保健康教育落地生根

学校应制定科学、合理的体育评价标准，既要关注学生的体育成绩，也要关注他们的身心健康状况；既要考核体育活动的参与程度，也要评估健康教育的实际效果。通过评价机制的引导，推动校园体育文化健康、持续发展。

总之，将健康教育融入校园体育文化，是新时代教育改革的重要任务。我们要紧紧围绕这一目标，深化教育改革，创新教育方法，不断提高学生的身心健康水平，为培养德智体美劳全面发展的新一代贡献力量。

第四节　全面育人与学校体育教育改革

现代社会对人才的综合素质提出了很高的要求，培养全面发展的人才成为学校教育的重要趋势，全面育人的理念被越来越多的人接受，并在学校教育中积极践行这一指导思想，力争培养全方位发展的人才。体育在培养人的综合素质方面具有先天的优势和重要的作用，因而在学校体育教育中树立全面育人理念，按照全面育人的原则进行教育内容、教育形式的改革至关重要。在全面育人的理念下进行学校体育教育改革，要特别重视对学生健康体质、健康心理素质、高尚道德品质以及健全人格的培养，为社会培养德智体美劳全面发展的时代新人。下面具体对全面育人理念下学校体育教育改革的思路与策略进行分析。

一、优化学校体育教育模式，体现全面育人需求

全面育人要求学校体育教育注重培养学生的价值观和思想道德素质，通过开展丰富多彩的体育教学活动来增强学生体质，引导学生塑造正确的价值观。为达到这些目的，应在学校体育教育中积极改革与优化教育模式，要肯定与尊重学生的主体性，对体育育人活动的内容与形式进行拓展与创新，在活动中多引导、多启发，充分发挥体育教育的持续育人功能，使体育教育的育人效果能够提升和延续。

具体而言，一方面，在学校体育教育中要将学生的主体地位确立下来，对体育教育的全面育人目标予以明确。为此，传统体育教育中的教师主导模式应得到相应的变革，要立足学生的主体性和主体需要来开展体育教育活动，在体育教学活动的组织实施中将学生的学习需求作为主要依据，教师继续发挥主导作用，但要注意与学生主体的互动和交流。教师主导设计与选择的体育教育内容、体育教育形式要充分符合学生的实际情况，能够充分满足学生的学习需要。在体育教育内容的实施中，教师要鼓励学生充分发挥主动

性、能动性和创新性，培养学生的学习兴趣和参与体育活动的积极性，从而通过满足学生的学习需要，使学生获得良好的学习体验来推动体育教学育人效果的提升和强化。

另一方面，在学校体育教育模式的构建与改革中要对丰富的教育形式和有趣的教育内容进行设计与实施，从而在全面育人视角下推动体育教育的有效改革，进一步提升体育教育的全面育人效果。具体来看，在体育教育内容方面，要结合全面育人的需求和时代发展的需求对体育教育的内容予以深化改革与拓展，在体育教育内容体系中纳入能够提高育人效果的体育理论知识和实践技能，利用这些丰富的知识和实用的技能培养学生的思想道德素养、健康身心素质和社会适应能力。在体育教育形式方面，既要组织大众化形式的体育活动，又要举办竞技性的体育竞赛活动，将大众体育和竞技体育融合到体育教育中，使体育教育摆脱枯燥的模式，焕发活力和生机，这样也能满足学生的多样化学习需要。

总之，为体现全面育人需求，在学校体育教育模式的改革与优化中，既要肯定与尊重学生的主体地位，又要加大对体育教育内容与教育形式的改革力度，所选教育内容和所设计的教育形式要有利于培养学生的综合素质，要能够使体育教育的育人价值得到最大程度的发挥，这样才能体现出体育教育模式改革优化的实效性与现实意义。

二、创设良好的校园氛围，为体育教育发挥育人作用提供助力

要在全面育人理念下进行学校体育教育改革，实现全面育人的目的，就要创设良好的校园氛围，优化校园环境，为体育教育活动的开展提供良好的环境与条件支持。在良好的校园氛围中，学生能够耳濡目染地感受到良好的体验氛围，能够在良好氛围的熏陶下积极参与体育活动，并从体育活动中受益，实现全方位的协调发展与综合提升。

学校要充分认识到体育教育的重要育人价值，高度重视体育教育工作的开展，提升体育教育在学校教育体系中的地位，为体育教育的顺利实施提供

第七章　体育与学校体育教育的发展探索

各方面的积极支持和有力支撑，包括软件方面的支持和硬件方面的帮助，如配备优质师资，完善基础教学设施等。在基本硬件条件和软件条件具备之后，从健全与完善体育教育体系着手，优化改革体育教育的内容、方法、模式、评价、组织形式等，以整体提升体育教育的质量，使学生在良好的氛围与环境中接受体育教育，真正从中受益。

此外，学校除了要组织好体育课堂教学活动之外，还要开展丰富多彩的课外体育活动，营造浓郁的校园体育氛围，使学生在课余时间有更多的机会参与体育活动，在体育活动中愉悦心情，缓解学习压力，调节情绪。丰富的课外体育活动也能使学生进一步体会体育运动的魅力，从内心深处受到感染和启发，从思想深处肯定体育运动的价值，在良好的校园体育氛围中形成正确的价值观念。学校还可以定期组织一些大型体育活动，如运动会、体育单项比赛、校园体育文化节活动等，从而培养学生的竞争与协作意识，激发学生的斗志，使学生在竞赛中磨练意志，竭诚为实现体育教育的全面育人功能提供助力。

三、健全体育教育教学评价体系，以科学评价促进育人作用的发挥

要在全面育人理念下进行学校体育教育改革，使体育教育的育人价值得到进一步的发挥，就需要对体育教育教学评价体系进行改革与完善，实现以评促学、以评促教。

在体育教育教学评价体系的改革与优化中，要扩大评价主体的范围，不能只局限于体育教师这一个主体，应该将学生、家长、学校体育管理者等都纳入评价主体的范畴中，发挥各主体的作用，实施多元化的体育教育评价，这样才能对体育教育效果有更全面的了解，从而更好地根据评价结果和真实反馈来调整与改善教育过程，为优化教育过程、提高教育效果提供真实可靠的依据。

此外，在学校体育教育教学评价的改革中，还应注重过程性评价，具体可以借助现代信息技术进行动态追踪评价，将追踪的结果及时反映在信息化

平台上，及时更新平台中学生的个人信息和学习进度，并将大数据的分析技术利用起来准确分析学生学习过程的动态变化和学习结果的变化，这样能够将学生的实际学习情况真实反映出来。过程性评价只是体育教育评价的一方面，与此同时还要进行结果性评价，如组织体能测试、体育理论知识测验和技能考评，从而准确了解学生在某一阶段的学习成果。

总之，在学校体育教育评价体系的优化改革中，重点从评价主体和评价方式两方面着手改革，能够更好地发挥体育教学评价的功能，达到以评促教的效果。

参考文献

[1]李大新,许凤英,李明霞.体育与健康[M].济南:山东人民出版社,2022.

[2]吴宏江.体育与健身[M].长春:吉林人民出版社,2021.

[3]周伟峰.体育产业与体育文化发展管理探索[M].长春:吉林人民出版社,2022.

[4]华宝元,李铎,王海波.体育理论知识教程[M].成都:电子科技大学出版社,2017.

[5]陈志军,张君其.高校体育理论与实践[M].苏州:苏州大学出版社,2011.

[6]何永超.体育理论教程[M].北京:北京体育大学出版社,2004.

[7]邹师.体育理论教程[M].北京:现代出版社,2001.

[8]谭华.体育本质论[M].成都:四川科学技术出版社,2008.

[9]阿伦·古特曼.从仪式到纪录现代体育的本质[M].北京:北京体育大学出版社,2012.

[10]蒋红霞.体育概念研究体育价值回归教育本质的视角[M].上海:上海交通大学出版社,2022.

[11]陆小聪.现代体育社会学:第2版[M].上海:上海大学出版社,2020.

[12]朱纪华.体育与社会[M].北京:人民教育出版社,2007.

[13]周绍良,杨志成,林学仁,陈永利.学生体育学习方式研究[M].天津:

天津教育出版社，2004.

[14]柴娇，林加彬.体育学习兴趣研究[M].长春：东北师范大学出版社，2020.

[15]杨霆，颜民.体育学习原理[M].桂林：广西师范大学出版社，2005.

[16]杨文轩，陈琦.体育原理[M].北京：高等教育出版社，2004.

[17]杨文轩，陈琦.体育原理导论[M].北京：北京体育大学出版社，1996.

[18]王健，侯斌.体育原理导论[M].武汉：华中师范大学出版社，2002.

[19]任俭，王植镯，肖鹤.体育教学原理及体育学法的创新研究[M].北京：中国纺织出版社，2019.

[20]陈琦，苏肖晴，关文明.体育教学原理与方法[M].北京：长征出版社，2000.

[21]张虹，赵平，赵泽顺.基础教育体育教学原理与方法[M].昆明：云南大学出版社，2013.

[22]陈小蓉.体育科学研究原理与方法[M].北京：北京体育大学出版社，2001.

[23]刘欢，张霖.贺龙"普及与提高"辩证体育思想及其时代价值[J].浙江体育科学，2014，36（05）：16-19.

[24]刘少英，李祥.贺龙体育思想"普及与提高"理论的历史考量[J].吉首大学学报（自然科学版），2013，34（06）：76-80.

[25]陈丽.反议全民体育与竞技体育的"普及与提高"[J].运动,2011,(10)：5-6.

[26]陈荣，朱林可，罗翊君.学校体育与健康教育融合途径探究[J].上饶师范学院学报，2020，40（06）：93-98.

[27]孔冲，平杰.健康教育与学校体育融合发展策略探讨[J].中国学校卫生，2019，40（01）：7-11.

[28]闫晓明，陈杰.全面育人视角下高校体育教学改革研究[J].洛阳师范学院学报，2021，40（02）：40-44.

[29]王世友，赵丹.以全面育人为目标的大学体育教学改革[J].中国冶金教育，2016（04）：28-30.

[30]郭蓓，崔颖波.刍议我国传统体育发展面临的困境与出路——由"体

育原理""体育教材教法"研究引发的思考[J].体育学刊,2022,29(05):96-101.

[31]杨明静.《体育原理》视域下对体育教学的理解[J].内江科技,2021,42(01):116-117+122.

[32]张洪潭.中国第一部《体育原理》著作的当代价值论[J].体育与科学,2007,(03):13-22.

[33]李寿荣,林笑峰.综观《体育原理》《现代体育教学》《竞技教育学》[J].体育学刊,2004,(06):7-9.

[34]连克杰,王星明,孙绍生.论增强体质为导向的学校体育教育改革与实践[J].教育教学论坛,2021(41):18-21.

[35]雷辉旭,周丽华,赵伟丽.学校体育素质教育改革路径研究[J].青少年体育,2021(03):91-92.

[36]朱军.终身体育教育是学校体育教育改革的必然走向[J].教育理论与实践,2020,40(12):57-59.

[37]李大军.探析学校体育教育改革创新[J].文体用品与科技,2019(09):187-188.

[38]代秀付.深化学校体育教育改革促进学生身体素质发展[J].体育科技文献通报,2016,24(09):58-59.

[39]王振华.学校体育教育改革思路探究[J].文体用品与科技,2014(14):121.